はじめての
相談援助実習

相談援助実習研究会［編］

ミネルヴァ書房

はじめに

　社会福祉士（ソーシャルワーカー）を志す皆さんは，この資格取得にあたっては必ず相談援助に関する現場実習を経なければなりません。学生の皆さんには，社会福祉の現場実習というと，高齢者や障害者を中心とした「車椅子の介助」「食事介助」「排泄介助（オムツ交換など）」といった「介護（介助）」をイメージしやすいと思います。しかし，実際の社会福祉士資格に関連する実習：相談援助実習は少し内容が違います。

　確かに，部分的には「介護（介助）」の知識・技能は身につけておかなければなりませんが，文字通り相談援助の基本は利用児・者の相談事を相手の立場に立って聞いたり，その時の気持ちなどを受け止めたりする技法です。したがって，大学ではまずコミュニケーション能力や援助者自身の価値観について深く学び・理解する必要があります。ですから日々の講義などで学んでいる「傾聴」「自己覚知」「自己決定」「ケース会議」といったキーワードを専門用語として理解するだけではなく，実際の現場に赴きそれらを試行し，体得することで相談援助の技法を学んでいくことになります。

　ただし，現場実習といっても「どの分野を選択したらよいか？」「実習における準備は？」「アルバイトやボランティアと実習の違いは？」「実習計画をどう作成すればいいのか？」などなど，多くの疑問を抱くかもしれませんね。当然，実習に関する事前授業で担当教員から指導を受けながら実習に臨むと思いますが，学生の皆さんにしてみれば，見知らぬ世界の体験に不安や疑問でいっぱいでしょう。また，実習中の対応はもちろん，実習終了後の「スーパービジョン」「将来の進路選択」などについても学び・考える必要があります。

　その意味で，本書は学生の皆さんの立場になって，相談援助実習がどういうものなのか，できるだけ学生目線でわかりやすさを基本に作成いたしまし

た。よって，はじめて相談援助実習に臨む多くの学生の皆さんに利用してもらえたら幸いです。

なお，本書は（社）日本社会福祉士養成校協会『相談援助実習ガイドライン』も参考にしながら，作成していることを付け加えて申し述べておきます。

また，最後になりますが，本書は平成24年度淑徳大学助成金を得て刊行されたものです。厚く御礼申し上げます。

2013年1月

相談援助実習研究会代表
長谷川　匡俊

はじめての相談援助実習

目　次

はじめに

第1章　相談援助とは……………………………………………………………1

　1　相談援助を学び実践するために………………………………………3
　　　（1）なぜ相談援助は必要なのか　3
　　　（2）学び方を身に付けよう　4
　　　（3）基礎と実践の関係とは　6
　　　（4）求められるのは人にかかわる態度　8
　　　（5）自分を知り成長していく　10
　2　基本となる利用者の理解と尊厳……………………………………12
　　　（1）「利用者を理解する」ということ　12
　　　（2）利用者理解に必要なこと　15
　　　（3）専門職に求められる倫理　17
　　　（4）尊厳の尊重と社会正義の実現　18
　　　（5）自己決定の尊重と自立に向けた支援　19

第2章　実習先を決めるまで──実習先を決めよう………………23

　1　実習希望先を選ぶ……………………………………………………24
　2　実習施設・機関の特徴………………………………………………26
　　　（1）児童養護施設　27
　　　（2）母子生活支援施設　28
　　　（3）医療型障害児入所施設　29
　　　（4）福祉型障害児入所施設　32
　　　（5）福祉型児童発達支援センター　34
　　　（6）障害者支援施設　35
　　　（7）特別養護老人ホーム　36
　　　（8）介護保険法における特定施設　38
　　　（9）介護老人保健施設　39
　　　（10）児童相談所　41
　　　（11）福祉事務所──市・特別区が設置する福祉事務所　42
　　　（12）社会福祉協議会──市町村社会福祉協議会　43

　　　　（13）地域包括支援センター　44
　　　　（14）医療機関　45
　3　社会福祉に関わる専門職資格…………………………………………47
　　　　（1）社会福祉士　47
　　　　（2）精神保健福祉士　48
　　　　（3）介護福祉士　50
　4　あなたの希望を明確にしよう…………………………………………51

第3章　実習の前に考えること・学ぶこと………………57

　1　何のために実習するのか………………………………………………58
　　　　――日々の学生生活から「社会福祉」を考える
　　　　（1）中学・高校での学びとの違い　59
　　　　（2）課外での学びの広がり　59
　　　　（3）社会福祉は「生活」が主題となる　60
　　　　（4）現場から学ぶことの重要性　61
　　　　（5）何のために実習するのか　62
　2　実習で求められる基本的態度…………………………………………64
　　　　（1）相談援助実習の意義　64
　　　　（2）社会福祉士養成教育全体から見た相談援助実習の位置づけと目的　66
　　　　（3）実習の心がまえ　67
　3　実習先について調べる…………………………………………………74
　　　　（1）実習先について学ぶ　74
　　　　（2）個別の実習先の概要　76
　　　　（3）事前訪問・実習オリエンテーション　77
　　　　（4）見学実習・体験実習等　82
　　　　（5）実習の流れと業務のイメージをつかむ　83
　　　　（6）実習先における相談援助技術を学ぶ　85
　4　実習を有意義に過ごすために…………………………………………91
　　　　――実習手続きや実習課題の設定・記録の書き方
　　　　（1）実習までの事務的手続き　91
　　　　（2）実習計画の作成　96
　　　　（3）実習記録の書き方　101

         （4）実習記録を書くには　102
         （5）実習記録についての留意　104
         （6）実習記録を書くための材料　105
         （7）記録の種類　106
   5　事例にみる事前学習による学生の気づき……………………………110
         （1）事例1――実習前に実習先施設に関する整理を行ったAさん　110
         （2）事例2――実習オリエンテーションで事前学習について聴かれたC君　111
         （3）事例3――事例研究で自分の親との関係に気づかされたDさん　112

第4章　実習に向けて考えるべきこと・
　　　　実習を通して深めるべきこと………………………………………115

   1　事前学習と実習との「連続性」を意識化すること………………………116
         （1）事前学習と実習との関係性　116
         （2）「実習」に向けた推論の点検作業――しらべ学習の"立体化"　119
         （3）「実習準備」の段階から「実習」へと繋げ・深めていくべきこと　124
         　　　　――3段階モデルをふまえて
   2　実習体験を「次」に繋げるためにすべきこと……………………………131
         （1）"声"を起点とする学び方　131
         （2）実習中のエピソードをどう活かすか・そこから何を学ぶか　142
         　　　　――エピソードを綴った記録を通して
   3　実習を終えて自分を振り返る………………………………………………149
         （1）事後学習へつなげるために　149
         （2）社会福祉協議会の実習を例に振り返る　151
         （3）実習中に感じたこと・事後に振り返って感じたこと　153
         （4）事後指導の段階　158

第5章　実習を終えて考えるべきこと・
　　　　今後の学びにつなげること……………………………………………161

   1　実習が終わったら…………………………………………………………162
         （1）実習終了の報告と実習先への挨拶　162
         （2）各種提出物　167

目　次

　　2　実習後の学び方……………………………………………………168
　　　　（1）なぜ実習事後学習を行うのか　168
　　　　（2）実習事後学習の展開方法　171
　　　　（3）スーパーバイザーとともに振り返ってみよう　173
　　　　　　　　――実習終了後の面接
　　　　（4）体験した実習を自分なりに評価してみよう　184
　　　　　　　　――自己評価への挑戦
　　3　実習後の実習成果の報告と分かち合い――仲間とともに…………186
　　　　（1）個人報告――実習報告書の作成　186
　　　　（2）グループ報告――実習報告会の準備　189
　　　　（3）学びの報告――実習報告会　191

第6章　次のステップに向けて……………………………………197

　　1　実習の学びを活かす…………………………………………………198
　　　　（1）信頼関係を結んで人を支援する仕事　198
　　　　（2）社会からの期待に気づくということ　203
　　2　実習で職業人としての基礎的職業能力を培う……………………207
　　　　（1）すべての職業人に求められる基礎的職業能力　207
　　　　（2）実習教育に組み込まれている基礎的職業能力の育成機能　211
　　　　（3）実習経験により広がるさまざまな進路と職業の世界　213
　　3　実習の学びを発展させ専門職を目指す……………………………216
　　　　（1）卒業まで継続して学習するテーマを見つける　216
　　　　（2）生涯学び続ける仕組みを考える　219
　　　　（3）社会福祉士制度とキャリア形成　222

おわりに
巻末資料
索　引

第 1 章　相談援助とは

これから相談援助を学び，社会福祉士を目指す皆さんにとって，相談援助実習は学びの大きなポイントになります。社会福祉のような実践に役立つことを行う学問においては，教室の中で学ぶだけでなく，実践現場で身をもって体験することで学びを統合化していきます。学習を始めると実践現場で早く学びたいという気持ちを抱いている人が多いでしょうが，先輩たちからは実習が近づくと，逆に「不安になる」という声を聞くことがあります。そうした傾向は，真面目に取り組む人ほど強いようですが，自分一人で抱え込まないで一緒に実習指導を学ぶ学生同士で共有したり，教員とも相談してみましょう。また，緊張感をもって実習に臨むことが必要なのだと理解できれば，不安への向き合い方も変わってきます。

　同様に，生活をする上でさまざまな課題を抱えている利用者は，不安を抱えています。そうした不安に気づいている人もいれば，気づいていない人もいるでしょう。そのため自分から友人に相談したり，専門の相談機関を訪ねる人もいれば，自分一人で抱え込む人もいます。皆さんからすれば，せっかく相談援助を学んだ私たちがいるのに「相談をしないなんてもったいない」と思われるかもしれません。しかし，実際には相談できる人や場所があることを知らなかったり，他人に自分のこと，あるいは家族のプライバシーにかかわることを知られたくないという人たちもいます。

　相談援助の基本は，不安を抱えている利用者と向き合うことから始まります。そのため，援助者が不安な相手をどのように受けとめるかということが基本になります。このように，相談援助とは知識や技術として学んだことを蓄積して活用するだけでなく，援助者自身がどのように感じ，理解し，行動できるかが問われます。そのため，何を学ぶだけでなく，〈どのように〉学ぶかが大切になります。本章では，学ぶ皆さんが自分の課題としてとらえられるように相談援助の学び方をわかりやすく示していきます。

　他方で，相談援助活動は，先人たちがそれぞれの時代に行った必要なソーシャルワーク実践のなかで培われてきました。その成果が，現在の社会福祉

士の倫理綱領などであるといえます。また，相談援助実践は，社会福祉法をはじめとしたさまざまな法や制度の下で実践されます。そこで共通している基本的な価値の一つが，利用者の尊厳です。単にサービスの対象者としてとらえるのではなく，一人ひとりのちがいを尊重するかかわりを学ぶ必要があります。同時に，どんな状況にあろうと利用者が自己決定することで成長でき，自立した生活ができるように支援することが相談援助の基本となっていることを，講義だけでなく，実習において体験的に学ぶことで確かなものになります。

1 相談援助を学び実践するために

(1) なぜ相談援助は必要なのか

　私たちは，生活していくなかでさまざまな課題に直面します。人生の各段階で予想されること，例えば進学や就職，結婚，高齢となった親の介護や死などがあります。また，予想できないこととして，病気，事故や災害，離婚，失業などがあります。どの場合にも生活をしていく上での「危機」となる可能性があり，私たちは，そうした課題へどのように向き合うかが問われることになります。

　こうした生活の課題に対して，多くの人たちは，それまでの経験や個人的な人間関係で対処することを行います。それで解決できればいいのですが，課題が深刻であればあるほど，個人では解決することが難しいことが起こります。そんなときに，相談者のプライバシーを守り，専門的に対応してくれる援助職や相談機関があると安心できます。この生活課題を抱えた利用者の相談援助を専門的に行うのが，社会福祉士（ソーシャルワーカー）です。利用者は，個人の力では対応できないことに，社会的なサービスを活用することで損なわれた生活の連続性を再生させることが可能になっていきます。

　専門職のサポートによって利用者の課題を解決するだけでなく，生きる力

を身に付けられることに相談援助の意義があります。したがって，専門職は利用者に代わって問題解決をするのではなく，利用者が自分の課題として理解し，受け入れられるようにかかわり，自分から課題へ向き合い，今後の生活を利用者が自分で決められるように支援していきます。

　さらに相談援助活動を実践していくことで，地域社会の新たな連帯を創り出し，暮らしやすい地域社会を創造する可能性を広げてくれます。特に，現代社会では，さまざま課題を抱えることで，地域で孤立した生活を送っている人が増えています。そのため，相談機関にいて相談を待っているだけではなく，こちらから出向いて行って相談が必要な人を発見して，関係機関へとつないでいくことが必要となります。また，予防的な活動の意義も増えています。

　このようにソーシャルワーカーが行う相談援助活動は，地域で安心して，自分らしく生活をするために不可欠なものになってきています。しかし，他人の生活にかかわり，相手が主体的に自分の課題に取り組めるように支援することは，簡単なことではありません。そのため，一朝一夕には学べませんが，これから講義，演習，実習と時間をかけて学んでいくことになります。焦る必要はありませんが，地道に継続的に学ぶことが大切です。では，次にどのように学んだらよいのか，相談援助の学び方を紹介しましょう。

（2）学び方を身に付けよう

　何かを学ぶとき，誰もが学んだことの成果を期待します。例えば，医学を学んで医師になれば，手術や検査を行うことができ，その専門性は形として見えます。ところが，社会福祉士をはじめとしたソーシャルワーカーの相談

援助は，これまで示してきたことからも理解できると思いますが，形として見えにくいものです。では，見えにくいものをどのように学ぶのか，この学び方にソーシャルワークの専門性の基盤が表れます。

　当然ですが，他の専門職と同様に相談援助の実践に必要な知識や技術を学びます。しかし，それ以上に大切なのが，そうしたものを支える価値やそれに基づく態度を学ぶことです。こうしたものは，学んで知っているだけでは実践で役に立ちません。また，単に情報提供するだけで実現できるものでもありません。利用者という相手がいて，初めて相談援助は行うことができるのですが，このことはいくら強調してもし過ぎということはありません。なぜなら，ソーシャルワーカーが問題解決を利用者の代わりにするのではなく，利用者が自分の課題として実際に取り組めるように支援するからです。その実現のためには，利用者が自分の生活課題とどのように向き合うかを自分で決められること，自己決定をすることの必要性を伝えることが求められます。利用者が自己決定することで，責任が生まれ，成長できるということを理解してもらい，実際に自己実現することでソーシャルワーカーの役割を果たすことになります。こうした〈伝える力〉，またそのために相手が話しにくいことを〈聴く力〉が求められます。このように自分の五感を総動員して，相手にかかわる力を身に付けることが学びの基本になります。

　こうした学びは，通常の授業の中だけではなく，毎日の生活においても学ぶことはできます。友達から相談を受けたとき，あるいは障害者に路上で助けを求められたとき，祖父が介護を必要になったときなど，さまざまな機会があります。こうした場合に，あなたはどんな態度や行動をとりますか。どんな行動をとればいいのかだけではありません。あなたの態度や行動には，すでに基本的な価値観が反映されていることになります。このように相手とのかかわりで学べる機会は，自分から広げてつないでいけば，たくさんの機会があることがわかります。

　以下に，相談援助を学んでいくときに役立つ学び方，ソーシャルワーカー

としての対人援助力を身に付けるためのポイントをいくつか示します。講義の「相談援助の基盤と専門職」「相談援助の理論と方法」などにおいて〈何を〉学んだらよいのかが示されます。あわせて,〈どのように〉学ぶかに注目してください。こうした内容は,ソーシャルワークを実践するための視点を養ってくれることになります。

　まず,相談援助を実践するためには,相手の生活や置かれている状況を理解するために〈想像力〉を働かせることです。例えば相談援助実習においては事前学習から始まり,事後の振り返りの中で,実際に体験したことだけでなく,できなかったことも含めて,さまざまなことを想像することで利用者のことを理解し,行動できるようになります。自分ではできなかったことを,他の実習生の報告を聞いて学び,実習指導者や教員からのアドバイスで想像力を豊かにすることもできるようになります。

　学んでいくには,さまざまなことを〈つなぐ力〉が求められます。講義や演習といった学内で学ぶことと実習で学ぶことをつなげることができると,学ぶ人の中で手ごたえが出てきます。同様に,社会福祉士は,さまざまな情報を収集して援助を計画していきますが,何を重視し,あるいは優先するかを考えながら情報を援助につなげ,活用することを行います。

　さらに,社会福祉士は一人で支援するのではありません。一人で孤立して支援するのでは援助職も疲弊するし,適切な援助ができません。そのため,組織内でのチームで,あるいは地域でネットワークを創り出すという〈創造力〉を発揮できるようになりましょう。さらに,利用者が必要とするサービスを開発できるようになることです。単に制度としてあるサービスを活用するのではなく,生活の課題に利用者が自ら取り組むために役立つサービスの必要性をデータに基づいて示し,行政に訴えていくことも必要となります。

（3）基礎と実践の関係とは

　前記のような学び方をしていくには,基礎と実践の関係を正しく理解する

ことが出発点となります。なぜなら，〈想像力〉〈つなぐ力〉〈創造力〉などは実践に求められることなのですが，何か特殊な専門のことではなく，相談援助職を目指す人であれば，誰にでも必要な基本的な力なのです。

　多くの学校のカリキュラムを見ると，低学年で基礎を学び，学年が上がると専門的なことを学ぶという構造になっています。また，学生は基礎とは学校で学ぶもの，実践現場ではそれを応用し，専門的に行うことだと考えるのが一般的です。そのため，実習で相談援助を学ぶとき，多くの人は専門的なことを学ぶとイメージしがちになるでしょう。ところが，学生が基礎をすべて学び終えて実習に行くことは不可能です。また，現場で活躍している先輩のソーシャルワーカーでさえ，すべて基礎を学び終えている人はいません。

　当然ですが，実習でもやはり学内で学んだ基礎が問われます。「聴く態度ができているか」「相手を尊重しているか」「感じたことを表わせるか」などを知識として知っているだけでなく，学内で学んだことが，実際にできるのかが試されると言ってもよいでしょう。学んだことを実践できれば嬉しいのですが，できないからといってすぐに諦めないでください。最初からできる人は，極めて少ないからです。したがって，できない自分と向き合い，また指導者に支えられて学ぶのが実習です。大切なのは，自分から学ぶことで体験を大切にして学ぶことです。

　実際に，相談援助実習おいて，皆さんは利用者とのかかわり，その生活の理解からさまざまなことを〈感じる〉ことを行います。この感じる力，感性が，先の創造力等の源になっていきます。体験の中で感じたことをことばにすることで，自分の学びとなっていきます。このプロセスが，まさしく基礎の学びあり，同時に実践的なものであることもわかるでしょう。

　確かに個々の現場に行かないと学べない専門的なことはありますが，感じたことをことばにすること，想像力を豊かにし，さまざまな学びをつなげ新しい発想で創造することは，学内でも学べることです。したがって，実践の現場でないと実践力を培うことができないのではなく，日頃から可能であり，

それは基礎の学びとして行うことができるのです。つまり，実践力を付けるということを考えると，専門や応用をイメージしがちですが，どんな専門的なことであっても基礎から成り立っており，逆に先輩の専門性への態度からその基礎となるものが見えてきます。つまり，「基礎と専門や応用とはそれぞれを自己完結させるのではなく，常に開かれた関係」(1)として学んでいくことです。

（4）求められるのは人にかかわる態度

　相談援助職に求められるのは，人にかかわる適切な態度です。どんなに専門的な知識を持ち，技術があったとしても，利用者があなたを必要としてくれない限り，その専門性は何の役にも立ちません。相手があなたを受け入れてくれる，この人なら私の困っている生活のことを相談したいと思えないと，援助関係は始まって行きません。

　ここでは，学生が気にする代表的な人にかかわる態度を二つ取り上げて考えてみましょう。まずは相手との〈信頼関係〉についてです。相談援助を学んだり，実践している人から「利用者から信頼される援助者になりたい」ということばをよく聞きます。そのため，信頼される社会福祉士になるために一生懸命に勉強したり，研修を受けているのでしょうが，援助職が知識として持っているものから信頼が生まれるのではなく，まずはあなたの相手にかかわる態度から判断されます。相手から信頼されるには，まず，あなたが相手を信頼することです。自分が相手を信頼していないのに，相手から信頼されたいと思うことは，随分と都合の良い考えです。ここからが，基礎が専門につながるところになります。相手を信頼することで，必ず見返りがあって信頼されるとは限りません。しかし，やってみなければわからないことをできるのが，専門職なのです。必ず，期待通りの結果が出るのならば，誰でも安心してできます。

　もう一つが〈人間関係〉に対する態度です。先にも示したように，利用者

第1章 相談援助とは

と援助関係を創るために，あるいはチームで仕事をやりやすくするために「よい人間関係を創り，維持する」ことを多くの人は行います。皆さんの身近な例で説明すると，学校やサークルで自分の居場所を確保するために，よい人間関係を維持しておくという考えです。そのために相手と自分の理解が違っていてもあえて言わないことがありますが，それは人間関係を悪くしたくないからです。また，相手の言っていることが，本当はわかっ

ていないのに，わかっているような態度をとることがあります。仲のよい友達の話していることがわからないと，相手からどのように思われるか心配だからです。やはり，相手との関係がギクシャクすることを恐れています。しかし，そうやって自分を困らないように守っていると，「自分だけ」を大切にすることになり，お互いを大切にする関係を生み出すことができません。

　このように確認してみると，〈人にかかわる態度〉を学ぶことは，多くの人が日常的にあたりまえにしている態度に問いを投げかけることになります。その問いの答えがどこかにあるのではなく，自分で見つけ出すのが相談援助の学びです。この悩んで自分なりの答えを見つけ出していく過程が，ソーシャルワーカーになっていくために必要なことです。もちろん，一人よがりになっては困りますが，そうならないようにするための一番の教師は利用者ですが，安心してください。あなたの回りには利用者だけでなく，担当教員，一緒に学ぶ仲間，実習先の指導者がいて，一緒に悩んでくれます。

　この人に関わる適切な態度を身に付けることは，一人ひとりの学生がどのようなソーシャルワーカーになるかにかかわってきます。将来，皆さんには社会福祉士の資格を取得して「こんなことができるソーシャルワーカーにな

りたい」という夢があるでしょう。ところが残念なことに資格は仕事をするための手段なのですが，それがいつの間にか目標になってしまうことがあります。資格を取得することで満足してしまうのです。また，就職して，周りから言われたことだけをするソーシャルワーカーになってしまうと，自ら課題を発見し，主体的に取り組むソーシャルワーカーになることはできません。そうした現状がないとは言えませんが，それでは〈小さな〉ソーシャルワーカーになってしまいます。利用者とともに歩み，そのために冒険ができる〈大きな〉ソーシャルワーカーと育ってほしいのです。

（5）自分を知り成長していく

　ここまで解説してきたことからもわかると思いますが，相談援助は人の役に立つ仕事です。また，学んでいる人は，人の役に立つ人間になりたいと思っているでしょうが，この仕事の魅力は，それだけではありません。人の役に立つ実践をしていくことは，その実践の中であなたが自分を知り，成長していく機会となるのです。

　このテーマに限らず，学ぶためには与えられた質問に答えるだけでなく，自らが問いを発することが求められます。例えば，相談援助実習で「いつも友達と話しているときには伝わることが，利用者はわかってくれない」ということが起こったとき，多くの人たちは対応方法を考えます。もちろん，それも必要なことですが，立ち止まって「なぜ」そうなるのかを問いかけてみることです。もしかすると，友達はあなたのことを気遣って，「わかるよ」と言っていたのかもしれません。友達だからこそ，そういう態度をとらざるを得ないことがよくあります。したがって，自分を知るという学びにおいては，「未知の問いを発して新たな知識を増やすだけではなく，〈既知への問い〉を発することができるようになる」ことが必要となります。このわかっている，あたりまえにしている既知のことを問われることは，自分が問われ自己変容しながら学ぶことになります。自分とは無関係に知識を蓄積できる

第1章　相談援助とは

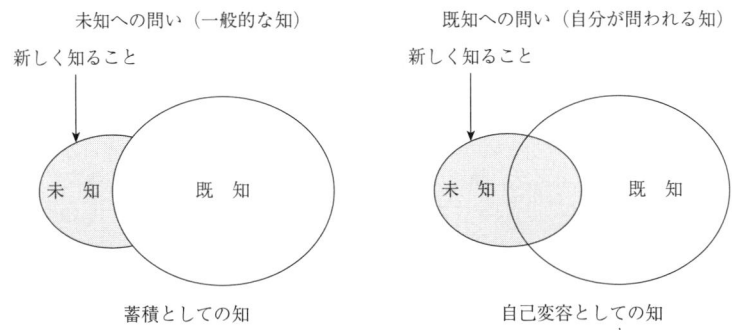

図1-1　2種類の問い

出所：佐藤俊一『ケアを生み出す力――傾聴から対話的関係へ』川島書店　2011年　23頁。

〈未知への問い〉とは異なり，自分が問われるという面白い学びになっていきます（図1-1参照）。

　さらに自分を知るとは，受け入れたいことだけでなく，受け入れたくない，見たくない自分を知ることになります。さまざまな利用者や課題に接していくためには，避けて通れないことです。ただ，このことに怯える必要はありません。個々の学生や援助者は完成しているのではなく，常に成長のプロセスにいるのです。そして，一人で「わからない」「できない」と抱え込むのではなく，気づいた自分の課題をことばにして，教員と共有したり，実習指導者に相談することで課題と向き合うことができるのです。そのことは，あなたが利用者のことを理解するときに，相手の気持ちをわかるということにつながっていきます。

　ソーシャルワーカーは「やさしい人」「いつでも相手の手助けをする」と思っているかもしれませんが，ときには「厳しい人」「相手の力に任せられること」が必要になります。相手の生活の課題に一緒に取り組んでいくためには，「よい人」でいるだけではできません。こうしたことがわかり，さらに自分が実践できていない点がハッキリすることは辛いことです。しかし，自らの課題が明らかになることで，既知の自分の態度が問われ成長できるの

―― 個々の生活の理解 ――

　1年生の後期になって，Nくんは「相談援助の基盤と専門職」の講義で，初めて「生活のしづらさ」ということを学んだ。前期の授業でソーシャルワーカーは，利用者の生活を支援するということは聞いていたが，「しづらさ」ということばが新鮮だった。

　翌週にボランティア先の障害者支援施設で利用者のPさんに「あなたの生活のしづらさはどんなことですか？」と訊ねてみた。すると，少しためらわれながら「職員に何かを頼むことだよ」と言われた。その答えは，Nくんの予想していないことだった。同時に，彼は居場所，経済的なこと，移動の手段といったことをあたりまえにイメージしていたことに気づいた。このように生活のしづらさとは，個々人によって異なり，そのことを理解することから支援が始まるのだとわかり，「自分も実践してみたい」とNくんは相談援助を学ぶことにさらに興味がわいてきた。

です。繰り返しますが，こうやって学んでいるのは，あなただけではありません。学生同士が一緒になって，さらに支える多くの人たちとともに学んでいるということを忘れないでください。

2　基本となる利用者の理解と尊厳

(1)「利用者を理解する」ということ

1）利用者理解は相談援助の基礎

　社会福祉士を目指す皆さんは，大学の4年間で福祉に関する法律や制度・政策，相談援助の技術，権利擁護や医学知識等の多くのことを学びます。相談援助実習においては，その知識や技術がどの程度身に付いているか，あるいはどれだけ必要かということを実感することでしょう。それらを学ぶことはもちろん大切なことですが，その専門的知識や専門的技術という相談援助の本体を支えているのは，本節で学ぶ「利用者を理解する力」であり，相談援助の基礎にあたります。

図1-2 社会福祉実践の基礎構造と本体構造

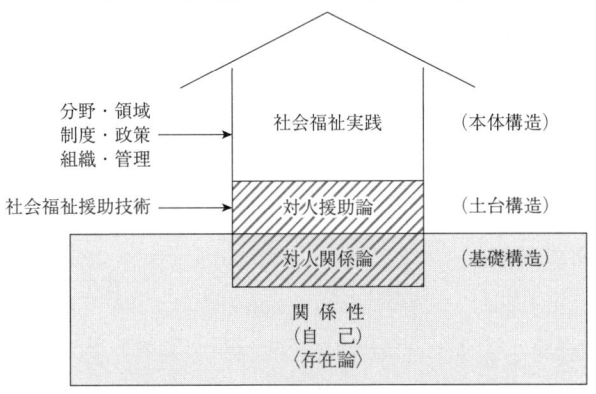

出所：足立叡編著『新・社会福祉原論』みらい，2005年，220頁。

　相談援助実践において，どのような専門的支援が必要となるかを考える上で参考となるのは，足立叡の「社会福祉実践における基礎構造と本体構造」[3]という考え方です（図1-2）。足立は，社会福祉の学びと実践について建築工事にたとえ，建物本体の工事と建物を支える基礎工事の関係と同様に，その関心が本体構造にのみ向けられ，それを支える基礎構造の意味を問う姿勢が見失われると，本体と基礎との乖離が起き砂上の楼閣となってしまう危険を指摘しています。つまり，「利用者を理解する」という基礎が固まっていなければ，どんなに多くの専門的知識や技術を持っていても，相談援助実践そのものが不安定でぐらついてしまうことを意味しています。相談援助実践がぐらつかないためには，その基礎にあたる利用者の理解，援助者の価値，援助の視点，援助の姿勢などを形づくっておくことが大切となります。

　これは「福祉サービスの質は援助する者の対象者理解の深さにおいて決まる」ということです。利用者がどのような人生を歩んでこられ，どのような環境のなかで，どう生活しているのか，そして，どのような思いでいるのかなど，利用者を全体的・包括的に理解していくことが相談援助の第一歩となります。

2）人と生活を理解する

　社会福祉の対象となるのは，さまざまな生活課題を持った人間，つまり生活者です。そして，その生活に目を向けていくことが相談援助に不可欠となります。

　岡村重夫は「社会福祉援助において重要なことは，社会生活上の基本的要求を充足する重要な社会関係の困難が，どのように重複しているか，あるいはA社会関係の困難がB社会関係にどのように影響しているかを発見し，これを取りのぞいて，多数の社会関係が調和するように援助するのである」[4]と述べ，「貧困」ではなく「貧困者の生活」を，「病気」ではなく「病人」を問題にすることが社会福祉の特徴であるとしています。つまり，利用者の「生活の全体」に目を向けて，広い視野を持って利用者を理解していくことが相談援助実習においても大切になります。

3）利用者と援助者の関係

　相談援助は，利用者と援助者の対等な関係を基本として展開されます。つまり，社会福祉は利用者が生きていくことを援助するということですので，これまでの援助者と利用者の関係を「してあげる，してもらう」という関係から，「ともに生きる」という対等な関係への転換が求められます。また，援助者の福祉サービス利用者への理解としては，「援助の対象としての人間」から「ともに生きる存在としての人間」へと転換が求められます。この点は実習生と利用者の関係も同様で，この二者関係を明確にして相談援助実習に取り組む必要があります。

　このように，対等な関係の中で援助が行われることは望むべきあり方ではありますが，今日の福祉現場の実態を踏まえると課題も多く残されています。例えば，既成のサービスや制度を利用者にあてはめることに主眼が置かれ，そのサービスや制度に該当しないニーズをもった人の存在が社会問題として取り上げられなくなってしまうことも起こりえます。したがって，相談援助にあたってはこれまでの実践の中での援助関係を見直しながら，真に対等な

関係を構築するために，利用者ニーズに合ったサービスの提供を行うという方向性を再確認し，さまざまな権利擁護活動を通してそれを実現していく必要があります。

(2) 利用者理解に必要なこと

1) 自分の見方を知る

　他者を理解しようとするときに，人間は必ず自らの見方や価値観などに影響されて形成された思考の枠組みというフィルターを通して認知していきます。つまり利用者を理解する際に，援助者自身がどのような思考の枠組みを持っているのか，そして，それによってどのように偏った理解をしてしまう危険性があるのかを自覚しておくことが大切です。このフィルターは，生まれてから現在までに出会った人やさまざまな経験によって形づくられてきたものです。人間は「自分のことは自分が一番わかっている」と思いがちですが，自分がどのような思考の枠組みをもっているかは，先に示したしたように，自分が当たり前としていることへ「既知への問い」を発することです。特に実習中においては，実習指導者や職員，利用者，実習指導担当教員などからの助言や会話の中から自己を問う大切な機会が得られます。実習指導者からの指導や注意については，謙虚に受け止め，自らの言動を冷静に振り返り，学びの機会としていきます。

2)「聴く」姿勢

　相談援助において「聴く」あるいは「傾聴」というと，とかく聴く技術など，方法の問題として理解される場合が多いと思います。ここでは，その技術を使う前に大切な，援助者の「姿勢」や「態度」としての聴くことについてふれておきます。相談援助において援助者が陥りやすいのは，利用者が投げかける問いや抱えている生活課題に対して，援助者側が何とか解答（answer）を示そう，解決してあげようという姿勢や態度でかかわってしまいやすいことです。そこには，利用者を「力のない人」ととらえてしまう価値観

が見え隠れしています。生活課題を解決していく主体は利用者自身であり，それを側面から支援していくのが援助者です。ですから，解決してあげたいという熱意は大切ですが，そのことによって，信頼関係を築く上で大切な相手と自分に誠実であるという聴く態度が抜け落ちてしまうことが危惧されます。援助者として大切なことは，利用者からの投げかけに対して解答するのではなく，まずは「あなたの言葉を確かに受けとめました」と応答（response）していくことです。それにより，利用者は受けとめられたと安心でき，自分を開くことができ，少しずつ信頼関係が形成されていきます。そして，そのような信頼関係がないところに援助関係は成り立たないのです。

3）人と環境を理解する

「生活者」である利用者を理解するためには，社会生活を援助する視点が大切になります。皆さんが学ぶソーシャルワークの独自性・固有性は，人間を社会的な存在としてとらえ，環境の中の人として，生活を全体的にとらえていく点にあります。つまり，利用者を理解するために，人間とそれを取り巻く環境，そして両者の交互作用や適応状態に焦点をあてて全体的，複合的に理解をしていくことです。人は一人ひとり異なる考え方や価値観を持って生活しています。その一人ひとりを理解するとともに，その人を取り巻く家庭や学校，職場や地域における人間関係，自宅などの住まいや入所施設という物理的環境，社会情勢などを理解し，人と環境の接点（インターフェース）においてどんな問題が発生しているのかを理解していきます。

また，「対象者の社会生活援助の原理」として，次の4点が大切となります。一つは「社会生活の全体性」であり，社会生活上のすべての問題やニーズは相互に関連し，同時に重複しているということ，二つには「社会生活の継続性」として社会生活での問題やニーズは常に変化しており継続的に援助していく必要があること，三つには「社会生活の個別性」であり，社会生活でのニーズを充足する方法は個々人の主体的な選択により異なること，そして最後に，社会生活上での問題やニーズを解決する方法は，個々の地域の社

会資源状況によって異なるという「社会生活の地域性」です。これらの視点を援助者として持ち，利用者の社会生活を理解し，援助にあたっていきます。相談援助実習においても，このような視点を大切にして利用者の社会生活を全体的・包括的に理解していきましょう。

(3) 専門職に求められる倫理

「倫理」という言葉を辞書で引くと，「人倫のみち。実際道徳の規範となる原理。道徳」[7]と記載されています。社会福祉士の倫理について表現すると，社会福祉士が職務を遂行するうえでの価値観やあるべき自我像，自己の責務，行動の準則などであり，自己規制を行う基準といえます。

社会福祉士を目指す皆さんが参考にすべき2つの重要な指針があります。

一つは，2014年7月メルボルンにおける国際ソーシャルワーカー連盟（IFSW）総会及び国際ソーシャルワーク学校連盟（IASSW）総会において採択された「ソーシャルワーク専門職のグローバル定義」[8]です。そこからソーシャルワーク専門職が何を目的にし，原理としているかが理解できます。

IFSWの「ソーシャルワークの定義」

ソーシャルワークは，社会変革と社会開発，社会的結束，および人々のエンパワメントと解放を促進する，実践に基づいた専門職であり学問である。社会正義，人権，集団的責任，および多様性尊重の諸原理は，ソーシャルワークの中核をなす。ソーシャルワークの理論，社会科学，人文学，および地域・民族固有の知を基盤として，ソーシャルワークは，生活課題に取り組みウェルビーイングを高めるよう，人々やさまざまな構造に働きかける。

もう一つは，社団法人日本社会福祉士会が2005（平成17）年に採択した「社会福祉士の倫理綱領」（巻末資料参照）です。その倫理綱領の中の「価値と原則」では，人間の尊厳，社会正義などについて述べられており，「倫理基準」においては，利用者に対する倫理責任，実践現場における倫理責任，社会に対する倫理責任，専門職としての倫理責任が記されています。さらに

「行動規範」の中には，社会福祉士として従うべき具体的な行動が示され，皆さんの相談助実習にあたっても参考となります。特に利用者の利益の優先，利用者の自己決定の尊重，利用者の意思決定能力への対応，プライバシーの尊重や秘密保持等は，相談援助実習を通して意識的に行動するべき規範です。

（4）尊厳の尊重と社会正義の実現
1）相談援助の基盤にある人権

　私たちは他者と出会い，自己を紹介する際に，必ず名前を伝えます。職業や資格，学校名や学年，年齢，趣味などを話すこともありますが，他者とは異なる唯一無二のものとして一人ひとりの名前があります。そして，その名前は人間らしく生きるために欠かせないものであり，自分自身の人格そのものを表しています。このような人格や人権を意味する名前について，「子どもの権利条約」[9]の第7条には，児童は出生のときから氏名を有する権利および国籍を取得する権利を有するものと明記され，誕生した人間の存在と固有の価値を示しています。

　ソーシャルワークの基盤にある人権を理解するためには，1948年に国連総会で採択された「世界人権宣言」が基本となります。この宣言は，人権を「すべての人民とすべての国とが達成すべき共通の基準」として保障すべきものとして示しています。その第1条には，「すべての人間は，生まれながらにして自由であり，かつ，尊厳と権利とについて平等である。人間は，理性と良心とを授けられており，互いに同胞の精神をもつて行動しなければならない」と人間の尊厳を述べています。また，わが国の憲法においても第11条に「基本的人権の享有」が掲げられ，侵すことのできない永久の権利として位置づけられています。そして，ソーシャルワーク実践の基本原理にも，すべての人々がかけがえのない存在として，その尊厳が尊重されていくことが位置づけられています。

2）相談援助の基盤にある社会正義

　私たちの社会の中では，多数の者や強い人々によって少数の者や弱い立場にいる者が虐げられ，不当な扱いをされてしまうことがあります。そのような社会の構造的な歪みにより，残念ながら差別や貧困，抑圧，排除，暴力，虐待，環境破壊等が発生しています。そのようなことが起こらない，自由，平等，共生に基づく社会正義の実現を目指すことも社会福祉士の役割です。つまり，社会福祉士は，人々をあらゆる差別，貧困，抑圧，排除，暴力，虐待，環境破壊等から守り，包含的な社会を目指すよう（ソーシャル・インクルージョン）努めていかねばなりません。

　例えば，家庭の中の暴力や虐待の問題では，子どもへの虐待，配偶者や恋人への暴力，高齢者や障害者への虐待があります。また，福祉施設等においては，残念なことに職員による利用者への虐待，体罰，身体拘束等も発生しています。すべての人々が，安全な環境の中で，安心して自分らしく暮らしていけるように，相談援助活動を通して人権と権利を擁護し，利用者と社会に働きかけていくことは最も大切な役割といえます。その際に，利用者に対して加わっている暴力，抑圧，支配等の否定的な力に対して，社会福祉士は利用者の抵抗する力を信じ，彼らの自立性・社会性を保持できるように支援していきます。利用者自身が内にもつ，権利意識や発言力，行動力，可能性等を社会の中で発揮できるように側面から支持し，パートナーとしてかかわっていくことをエンパワメント，あるいはエンパワリングといいます。

（5）自己決定の尊重と自立に向けた支援

1）利用者の自己決定と自己選択

　私たちは毎日の生活の中で，どこで何をし，どのように過ごそうかなど自分で考えています。もちろん，それらを決める力が十分に発揮できない人もいますが，自分の生活や生き方を自分で決める権利は，一人ひとりにあります。つまり，自分の生活を選び，決めていく主体は自分自身ということです。

そして、その決めたことに自らが責任を持って行動していくことが求められます。

　私たちが実践していく相談援助では、さまざまな生活課題をもっている利用者がその対象となり、本人や家族の力では乗り越えられない状況の中で援助者による専門的な支援が行われます。しかし、その生活課題をどのように解決していくか、どのような支援を受けて生活していくかなど、最終的に決めていくのは生活の主体である利用者自身です。どのようなサービスを利用しながら、どのように自分の人生を主体的に生きていくかを決める権利と力は利用者自身にある、ということを原則として理解しておきましょう。

　しかし、サービス利用者のすべてが適切に自己決定や選択ができるかというと、そのような状況ではありません。依存的で自己決定に慣れていない人や自己決定をしてはいけないと思っている人、判断能力が低下し自己決定が適切に行えない人など、支援を必要とする人の存在を見逃してはなりません。特に、わが国においては、本音ではなく、建て前で他人と話をしたり、がまんすることや堪え忍ぶことを美徳とする文化意識が根強く残り、正当な自己主張がなされないことも多くあります。このような文化や風土を一朝一夕に変えることは難しいですが、社会福祉士は利用者が自分の権利を主張してもよいこと、自分らしく生きることをエンパワメント・アプローチにより実践することで利用者へ働きかけ定着させていくことが必要となります。また、自己決定を支える仕組み、例えば、日常生活自立支援事業や成年後見制度などの利用を検討することも考えていく必要があります。

2）自立に向けた支援

　社会福祉士の働きは、生活課題を抱えた利用者や地域住民とともに歩み、

その人の抱える問題や地域の問題を見出し，解決する方法を考え，利用者や住民自身が取り組んでいくことを支えることです。自分らしく生きようとする人間の可能性を信じ，利用者の自立した生活が実現するまでパートナーとして傍らに寄り添っていく専門職が社会福祉士です。そこでは，利用者や地域の力を引き出し，強め，その人権と権利を擁護していく役割が求められます。

　そして，そのような支援を通して利用者やその家族が「自分らしく暮らす」ことを目指して，自らの力を発揮して歩んでいけるように支えること，それを一言で表すと「利用者へのヘルプとは，利用者自身が決め，行動できるようにヘルプすること」といえます。「手は出しすぎず，目は離さず」と例えられるように，それが自立に向けた支援です。皆さんが相談援助実習に行き，目の前にいる利用者の方と向き合い，今，ここで，どのような支援を行うことが自立に向けた支援なのか，立ち止まって冷静に考え行動できることを期待します。

---- 実習で出会った場面「あなたはどう考えますか？」 ----

　地域包括支援センターへ実習に行ったＡ君は，こんな場面に出会った。認知症のお父さんを介護している息子さんから相談があり，担当社会福祉士による面接に同席した時のことです。大変な思いで介護されている息子さんの話の中で，「いずれは自分のものになる親父の財産。親父は認知症でわからないし，財産を取り崩して使っている。」という言葉があり，Ａ君の心に引っかかった。親子の間なのだから，そういうこともあるだろうな，息子さんは介護のために働いておらず収入がないし……という気持ちと，お父さんが苦労して蓄えてきた財産を認知症のためわからないからと勝手に使うのはどうなのか，息子さんは40代なので自分で収入を得る方法を考えないでいいのだろうか……など，複雑な気持ちが交錯し，利用者の権利について深く考えた。

注
(1) 佐藤俊一「臨床的視点——基礎と専門という発想への問い」丸山晋・松永宏子編『スタートライン臨床福祉学』弘文堂，2006年，23-25頁．

(2) 佐藤俊一『ケアを生み出す力――傾聴から対話的関係へ』川島書店，2011年，22頁．
(3) 足立叡編著「社会福祉基礎構造改革の考え方と課題」『新・社会福祉原論』みらい，2005年，211-221頁．
(4) 岡村重夫『社会福祉原論』全国社会福祉協議会，1983年，98頁．
(5) 中川は著書のなかで，患者の問いに対する精神科医の答えを例に，解答ではなく応答であることを指摘している（中川米造『医療のクリニック――〈癒しの医療〉のために』新曜社，1994年，341頁）．
(6) 白澤政和『ケースマネージメントの理論と実際――生活を支える援助のシステム』中央法規出版，1992年，91-92頁．
(7) 新村出編『広辞苑 第6版』岩波書店，2009年，2973頁．
(8) 日本語定義の作業は社会福祉専門職団体協議会と（一社）日本社会福祉教育学校連盟が協働で行った。2015年2月13日，IFSWとしては日本語訳，IASSWは公用語である日本語定義として決定した。社会福祉専門職団体協議会とは，(NPO) 日本ソーシャルワーカー協会，(公社) 日本社会福祉士会，(公社) 日本医療社会福祉協会，(公社) 日本精神保健福祉士協会で構成され，IFSWに日本国代表団体として加盟している。
(9) 政府訳は「児童の権利に関する条約」

参考文献

社団法人日本社会福祉士会編『新社会福祉援助の共通基盤（第2版）上・下』中央法規出版，2009年．

第2章　実習先を決めるまで──実習先を決めよう

相談援助実習の実習施設・機関は，児童養護施設や障害児施設，特別養護老人ホームや老人保健施設，福祉事務所や社会福祉協議会など多岐にわたります。相談援助の基盤（ジェネリック）は共通していますが，各領域の特性による個別性（スペシフィック）もあります。例えば，児童養護施設や障害児施設では「発達支援」という視点が重要になるでしょう。特別養護老人ホームや老人保健施設，障害者支援施設では「介護」に対する理解が不可欠になります。

皆さんが希望する実習施設・機関を絞り込んで行くためには，まずどのような実習施設・機関があるのかを知り，それらの施設・機関の法的位置づけや特徴，実習の概要や必要な準備等を理解する必要があります。その上で，自分自身の将来像や問題意識を基盤として実習施設・機関を絞り込んでいきます。

第2章では，各実習施設・機関の概要と実習の特徴を示します。本章を参考にしながら興味を持った施設・機関についてさらに深く学び，各自の将来像や関心にあった実習施設・機関を選んで行きましょう。

1　実習希望先を選ぶ

対象者の特徴や施設・機関の設置目的を理解しなければ，実習の内容をイメージできません。ですから，実習先を選ぶためには各施設・機関について基礎的な知識を得なければなりません。本章を一つの参考にしながら，他の資料・文献等も活用して基礎知識を充実させましょう。

実習先を選ぶ段階で，なかなか希望先を絞り込めない学生も珍しくありません。学生に尋ねてみると，「実習に取り組む意味がわからなくなった」「本当に社会福祉の仕事がしたいのかわからなくなった」といった答えが返ってくることがあります。これらは実習先を選ぶこと以前の悩みです。このようなときは，社会福祉の仕事に興味を持った原点に立ち戻って考えてみると良

いでしょう。「ボランティア体験から」「親族に障害者がいたから」「社会問題に関心があったから」「児童虐待のニュースが気になって仕方がなかったから」……とさまざまな思いがあったはずです。その思いを大切にしながら，今後の人生を思い描いてみましょう。きっと一人ひとりに固有の「実習の意味」が浮かんでくると思います。

　中には，「実習に耐えられるか自信がなくて実習先のことまで考えられない」という学生もいます。そのようなときは一人で悩みを抱えこまず，実習指導担当教員に相談しましょう。同じような悩みを持っている学生も多いものです。実習指導の授業内で，グループ討議のテーマとして取り上げてもよいかもしれません。心身の障害や疾患によって不安を感じている学生もいますが，事前にはっきりしていれば，実習施設・機関と協議して適切な配慮をお願いすることもできます。

　いずれにしても，実習に耐えられるかどうかは取り組んでみないとわかりません。できることは，真摯に努力することだけです。「できるかどうか」ではなく，「どうしたらできるか」を考えましょう。

　実習先を選ぶ基準がわからないという学生もいます。実習先を選ぶ際の第1の基準は「その領域，実習先に対して興味を持てること」です。興味を持つ理由としては，「将来，その施設・機関で働きたいから」「その施設・機関を取り巻く問題に関心があるから」「その施設・機関の対象者に関心があるから」「その施設・機関についてほとんど何も知らないから」等のさまざまな理由が考えられます。例えば，定期的に特別養護老人ホームでボランティアをしていて，将来も特別養護老人ホームで働きたいけれど，だからこそ見識を広げる意味も込めてこの実習では福祉事務所での実習を希望するという選び方もあり得ます。同じ背景を持つ人であっても，「だからこそ特別養護老人ホームでの実習を希望する」という人もいるでしょう。

　実習したい領域は絞り込めたが，個別の施設・機関の特徴がわからないため，どの施設・機関がよいかわからないということもあります。そのような

ときは，過去の実習生が書いた実習報告書が参考になります。そのほか，実習指導担当教員や実習センターに尋ねてみるのも良いでしょう。施設・機関によっては，事前に見学をお願いできるところもあります。

　実習施設・機関を選ぶ際には，通学に要する時間や交通機関の状況を十分に確認する必要があります。特に居住型施設の場合，職員の勤務が変則勤務となっていることが多く，実習時間も変則となることがあります。このため「早番」勤務だと午前7時から実習開始，「遅番」勤務だと実習終了時刻が午後8時というようなこともあります。そのような時間に通学することができるか，公共交通機関の時刻表を確認します。なお，各実習施設・機関の実習時間は，実習センターに備えられている実習施設に関する情報のファイルで確認します。

　第1希望の実習希望施設・機関が決まったら，第2希望，第3希望と順次決めていきます。各実習施設・機関において同時に受け入れられる実習生は1～5名程度という例が多いため，他の学生と希望が重なり，希望通りの配属が受けられないことがあるためです。

　大学の実習センターには，実習報告書や実習受け入れ条件等のさまざまな資料や情報があります。事前学習に役立てられるような書籍や映像資料も蓄積されています。実習に関する相談にも応じてくれます。実習センターを積極的に利用して，実り多い実習となるようにしましょう。

2　実習施設・機関の特徴

　本節では，各実習施設・機関について基本的な事項を説明します。これを参考にして，興味を持った施設・機関についてさらに調べ，各自の実習希望先を絞り込んで下さい。なお，実習が可能な施設・機関は非常に多岐にわたるので，ここでは主な施設・機関を取り上げています。

（1）児童養護施設

　児童福祉法41条に「児童養護施設は，保護者のない児童〔中略〕，虐待されている児童その他環境上養護を要する児童を入所させて，これを養護し，あわせて退所した者に対する相談その他の自立のための援助を行うことを目的とする施設」と規定された施設です。児童の入所措置は，児童相談所長の判断に基づいて，都道府県知事が決定します。

　入所の対象となるのは，原則として乳児を除く18歳未満の児童で，「保護者のない児童，虐待されている児童その他環境上養護を要する児童」です。「環境上養護を必要とする児童」とは，保護者が長期に行方不明であったり，刑に服していたり，保護者が心身の病気や障害によって養育が困難であるような児童をいいます。近年では，保護者のない児童は少なく，虐待を受けた児童や適切な保護が受けられなかった児童が多数となっています。

　児童養護施設には，児童指導員，嘱託医，保育士，栄養士，調理員を置くこととされていますが，この他に心理療法担当職員や家庭支援専門相談員を配置している施設もあります。

　社会福祉士を目指す学生の実習では，児童指導員としての実習が中心になります。児童指導員は，洗面，食事，衣服の着脱，排せつ等の生活習慣を身に付けさせるための指導や，社会のルールやマナーを学ばせるための指導とともに，指導・育成計画の立案や施設内の調整，保護者や学校，児童相談所との連絡業務等を担っています。また，家庭支援専門相談員としての実習も想定されます。家庭支援専門相談員は，児童の早期家庭復帰を目指して，児童相談所と連携しながら，児童の保護者に対して相談・指導等の支援を行う職員です。

　実習では，子どもたちと適切に関われるようになることが一つの関門です。虐待や不適切な養護を受けてきた児童が多いことから，大人への怒りや不信感を抱えた子どもも珍しくありません。些細なことでも過剰に反応して「かんしゃく」や「パニック」を起こす児童もいます。また，保護者から切り離

され，多くの子どもが共に生活している環境の中なので，自分に注目してほしいと強く思っている子どももいます。そのような中で「適切に関わる」というのは簡単なことではありません。また，児童に調理や裁縫，掃除や洗濯等のさまざまな生活スキルを指導する必要もあることから，実習生にもある程度の生活スキルが求められます。調理や裁縫等の基礎的な家事能力は身に付けておくと良いでしょう。

（2）母子生活支援施設

　児童福祉法第38条に「配偶者のない女子又はこれに準ずる事情にある女子及びその者の監護すべき児童を入所させて，これらの者を保護するとともに，これらの者の自立の促進のためにその生活を支援し，あわせて退所した者について相談その他の援助を行うことを目的とする施設」と規定された施設です。

　入所の対象となるのは，18歳未満の子どもを養育している母子家庭，または何らかの事情で離婚の届出ができない等，母子家庭に準じる家庭の女性が，子どもとともに利用できる施設で，必要に応じて児童が20歳になるまで引き続き利用することが可能です。離婚による生活困難，未婚で出産し就労が困難，夫の行方不明等が理由になりますが，最近では夫からのDV被害が最も多く，また子どもが虐待を受けている，母に精神的障害がある等，多様で重たい課題のある母子家庭の利用が多くなっています。

　職員配置としては，母子支援員，少年指導員，保育士，嘱託医及び調理員等を置かなければならないとされていますが，そのほか利用者への支援においては心理療法担当職員を置かなければならない場合があります。

社会福祉士を目指す学生の実習では，母子支援員としての実習が中心になりますが，多様な課題を持つ母親に対する支援はたいへん難しい面があるため，少年指導員として子どもに対する学習や生活習慣を身に付けられるような行事に参加するなど，子どもの日常生活の援助を中心に人間関係をうまく保てるような支援を行うことになります。子ども達も児童養護施設の入所児童と同様に虐待を受けてきたり，母親が虐待を受けている状況を目の当たりにしてきているので，それらの精神的に不安定な子ども達に対する受容的な関わりが必要となります。資格要件のある母子支援員の仕事としては，法的な手続きや関係機関との調整，母親に対する指導，親族関係の改善，日常の育児・家事の相談，また就労援助等ですが，多様な課題を抱えている母親と実習生が関わることは，非常に難しい場合が多いようです。

　実習生のスキルとしては，子どもと遊べること，学習支援ができることが前提ですが，そのほか課題のある児童に対する支援のためにもコミュニケーション技法は重要になります。また，制度の知識についても事前に学んでおくことが必要なことはいうまでもありません。

（3）医療型障害児入所施設

　2012（平成24）年4月1日施行の改正児童福祉法によって，「障害児入所施設は，次の各号に掲げる区分に応じ，障害児を入所させて，当該各号に定める支援を行うことを目的とする施設とする」（法第42条）と規定され，「福祉型障害児入所施設」（法第42条1号）と「医療型障害児入所施設」（法第42条2号）へと再編成されました。医療型障害児入所施設には，改正前の児童福祉法において第1種自閉症児施設，重症心身障害児施設，肢体不自由児施設であった施設が含まれます。

　医療型障害児入所施設は医療による援助を必要としている児童に対する施設であるため，医療施設と福祉施設の2つの側面を持っていて，職員として医師，看護師，児童指導員，保育士，心理指導を担当する職員，理学療法士

または作業療法士，児童発達支援管理責任者，栄養士，調理員などが配置されます。いずれの施設においても，社会福祉士は児童指導員として児童と関わるほか，児童の保護者や児童相談所，医療機関等との協議や連携，ボランティアの育成や募集，地域との交流の促進等にも携わります。社会福祉士を目指す学生の実習では，児童指導員としての実習が中心になります。

児童福祉法は改正されましたが，各施設は改正以前の特徴を引き継いでいるので，改正前の児童福祉法における施設種別に沿って説明していきます（そのため，施設種別名の前に「旧」という文字を加えてあります。福祉型障害児入所施設においても同様です）。

1）旧・肢体不自由児施設

重度の肢体不自由（四肢，体幹の障害）を持った児童のための入所施設です。入所している児童に対して必要な治療やリハビリテーションを行い，日常生活の指導を行います。実際には，肢体不自由がある児童だけでなく，先天的な知的障害や視覚障害，言語障害などを併せ持つ児童が多数となっています。現在では，経管栄養が必要な児童も珍しくありません。入所者の年齢構成は18歳未満の児童が多数となっており，旧・重症心身障害児施設とは異なる特徴を持っています。

入所した児童は必要に応じて医師の診察や各種検査を受け，理学療法や作業療法，言語療法等の訓練を受けたり，幼児であれば保育を受け，学齢時であれば特別支援学校での教育を受けることになります。手術やリハビリテーションを目的として入所している児童の他に，保護者が子どもの障害を受け止めきれずに，適切に養護できないために入所してくる児童もいるため，障害そのものへの対応に加え，保護者と児童双方への精神的な支援も重要になります。

実習は児童と関わることからスタートすると思われますが，児童と関わるためにも相談援助技術に加えて介助技法の基本を理解しておくとよいでしょう。介助そのものがコミュニケーションチャンネルであるような場合もよく

あります。実習では対象者の生活介助に関わったり，集団活動やさまざまなセラピー，訓練に関わることが多くあると思われます。時期が合えば，季節ごとの行事への参加もあるでしょう。

　医療型障害児福祉施設は特に多様な職種の職員が共同しながら援助にあたっている施設であり，それぞれの職種に関する基礎知識も必要です。そのほか，障害の原因となっている主な疾患に関する基礎知識も学んで実習に臨みましょう。

　日常生活の中では重度の障害を持った児童に接する機会がないため，初めてその様子を目にしたときに衝撃を受ける可能性もあります。実習を希望するのであれば，実習前に見学やボランティア等で実際の現場を訪問しておくとよいと思われます。

2）旧・重症心身障害児施設

　重度の肢体不自由と，重度の知的障害を併せ持った児童のための施設で，その児童を保護するとともに必要な治療を行い，日常生活の指導をする施設です。脳性麻痺や先天性代謝異常，染色体異常，事故や疾病による脳の損傷などによって重度の重複障害となった対象者が入所しています。ここで「児童」としないで，「対象者」としたのは，旧・重症心身障害児施設では入所者の90％近くが18歳以上となっており，18歳未満の児童は少数であるためです。福祉施設であると共に医療機関としての機能も持っており，医師や看護師も配置されています。

　入所している対象者は，重度の肢体不自由によって移動や食事，排泄，着替え，入浴，洗面などに介助を必要としており，呼吸管理や経管栄養を用いた栄養管理を必要としている方もいます。内臓の機能に障害がある方や筋肉・骨格に関わる医療援助を必要としている方もいます。同時に重度の知的障害もあるため，自己表現の難しさやコミュニケーションの難しさを持った対象者も多数います。そのような対象者と関わるため，わずかな変化をとらえられる観察力や多様なコミュニケーション能力，援助方法を開発していく

発想力などが要求される実習先といえます。介護を通じて対象者と関わることも多いため，実習前には基礎的な介助技法を学んでおくとよいでしょう。

3）旧・第1種自閉症児施設

医療を含む特別な療育が必要な自閉症を主な症状とする児童を対象とした施設ですが，全国に5カ所しかありません。このため実習施設としては想定しにくいと思われますが，実習する際には自閉症児に関する事前学習が不可欠となります。自閉症児は独特のこだわりや興味の偏り，独特の表現・コミュニケーションなどの特徴があります。そのような児童に対してコミュニケーション方法の習得や人間関係を作るスキルの獲得，生活習慣の確立などを目指した支援が期待されています。また，児童の保護者が適切にコミュニケーションできるように支援していくことも重要で，事前学習では家族の思いや希望，悩みなどについても学んでおくと良いでしょう。

（4）福祉型障害児入所施設

福祉型障害児入所施設には，改正前の児童福祉法で規定されていた知的障害児施設，第2種自閉症児施設，盲・聾唖児施設，肢体不自由児療護施設であった施設が想定されます。法律上は「保護，日常生活の指導及び独立自活に必要な知識技能の付与」を目的とする施設として統合されていますが，知的障害児施設（入所・通園），第2種自閉症児施設，盲・聾唖児施設，肢体不自由児療護施設から移行しているので，各施設は対象者に即した特徴を持っています。ここでは改正前の施設種別に沿って各施設の特性を示します。いずれの施設でも，社会福祉士を目指す学生の実習では，児童指導員としての実習が中心になります。

1）旧・知的障害児施設

知的障害があり，入所して訓練を受ける必要がある児童，家庭状況などから保護者による監護が適当でない児童の保護を行い，自立や社会復帰に必要な療育を行う施設です。

学齢児は施設で生活しながら学校に通います。施設では療育を行い，それらを通して自主性の育成や生活習慣の獲得を目指します。より具体的には，着替えや排泄，身だしなみ，物品の片づけ等の基本的な身辺処理技術の習得，集団への適応力の向上，社会生活への適応力の向上，生活能力の向上等を目指します。この施設でも「過年齢児」が多く，18歳未満の児童は半数以下といわれています。

在宅の障害児（者）の地域生活を支援するため，療育に関する相談や各種サービスの提供の援助を行う，障害児（者）地域療育支援事業の拠点施設としても期待されています。

実習では，日常生活場面で対象者と関わることが多く，その関わりを通して対象者の特性やニーズを理解し，発達支援に向けた援助技術を理解していくことになります。そのほか，家族との面接，医療機関や児童相談所などの関係機関との調整等の場面に同席することもあると思われます。

2）旧・第2種自閉症児施設

自閉症を主な症状として施設入所が必要な児童を対象として，自立に向けて必要な知識や技能を与える施設です。第2種自閉症児施設であった施設は全国に3カ所しかないので，一般的には実習施設としては想定しにくいと思われます。

実習に臨むためには，自閉症に関する基礎知識を学習しておくことが不可欠です。自閉症児は，独特のこだわりや興味の偏り，独特の表現・コミュニケーションなどの特徴があります。第2種自閉症児施設でも第1種自閉症児施設と同様に，そのような児童に対してコミュニケーション方法の習得や人間関係を作るスキルの獲得，生活習慣の確立等を目指した支援が期待されています。また，児童の保護者が適切にコミュニケーションできるように支援していくことも重要で，事前学習では家族の思いや希望，悩み等についても学んでおくと良いでしょう。

3）旧・盲児施設

　目が全く見えないか，少し見えても日常生活が困難な児童のための入所型施設です。視覚障害をあわせもつ知的障害児を対象とする施設もあります。日常生活の介護，援助や生活指導を行いながら，生活訓練や機能訓練，作業訓練等，子どもたちが将来自立して生活していくために必要な知識や能力を獲得できるように指導や援助を行っています。

4）旧・ろうあ児施設

　耳が全く聞こえないか，少し聞こえても日常生活が困難な児童のための入所型施設です。日常生活の介護，援助や生活指導を行いながら，生活訓練や機能訓練，作業訓練など，子どもたちが将来自立して生活していくために必要な知識や能力を獲得できるように指導や援助を行っています。

5）旧・肢体不自由児療護施設

　治療のために病院に入院する必要はないものの，その障害のために家庭での養育が困難な肢体不自由児を対象とした入所型施設です。肢体不自由児施設との相違点は，病院としての機能がないことで，日常生活の介護や援助が必要な児童を対象としています。

　実習の特徴は医療型児童福祉施設と共通しますので，上記を参照して下さい。

（5）福祉型児童発達支援センター

　保護者のもとから通園できる障害児を対象とした施設で，主に就学前の児童が利用しており，日常生活における基本的な動作の指導，集団生活への適応訓練，学習指導，運動訓練，感覚訓練などを行っています。また，地域の中核的療育支援施設として，保護者への相談支援や障害児を預かる施設への援助・助言なども期待されています。

　社会福祉士を目指す学生の実習では，児童指導員としての実習が中心になります。実習の特徴は障害児入所施設と共通しますが，実習では日常生活場

第2章　実習先を決めるまで

── ある学生が実習施設を決めるまで① ──
　　──子どもが好きだったので児童養護施設を考えました

　社会福祉学科に入学しましたが，特に興味を持った領域はなく，2年生の半ばを過ぎても将来の職業イメージも固まっていませんでした。ただ，子どもが好きなので，子ども関係の仕事がいいかなぁと漠然と考えていました。

　実習施設を選ぶ段階で，子どもが生活している施設ということで児童養護施設を考えたのですが，実際にさまざまな背景を持った子どもに対応できるのか自信が持てず，決めきれませんでした。だからといって，他の施設や機関で実習したいとも思えませんでした。そこで，児童相談所の一時保護所で夜間指導員のアルバイトをしている友達に話を聞いたところ，大変な子どもでも基本をしっかり持っていれば大丈夫という話で，きっとできるよと励ましてくれました。結局，友達に背中を押してもらう形で，児童養護施設を第1希望として考えました。

　第2希望も児童養護施設としましたが，この2つの施設以外には通える範囲に児童養護施設がなかったため，第3希望，第4希望は他の種別から選ぶことになりました。児童関連の実習先にしたいと思い児童相談所や母子生活支援施設も考えましたが，ダウン症の従兄弟がいることもあって少し興味を持っていた知的障害児の入所施設にしました。

　実習施設を選ぶに当たって大変悩みましたが，自分の将来を考えるのに良い機会になったと思います。

面で対象者と関わることが多く，その関わりを通して対象者の特性やニーズを理解し，発達支援に向けた援助技術を理解していくことになります。そのほか，家族との面接，医療機関や児童相談所などの関係機関との調整等の場面に同席することもあると思われます。

（6）障害者支援施設

　障害者総合支援法（「障害者の日常生活及び社会生活を総合的に支援するための法律」）により，「障害者支援施設」としてまとめられていますが，対象となる「障害者」には身体障害者，知的障害者，精神障害者が含まれます。

　障害者総合支援法では，自立支援給付として，介護給付（居宅介護，重度訪

問介護，同行援護，行動援護，重度障害者等包括支援，児童デイサービス，短期入所，療養介護，生活介護，施設入所支援，共同生活介護）と訓練等給付（自立訓練，就労移行支援，就労継続支援，共同生活援助）が規定されています。各施設はこれらの給付の中のいくつかの事業を実施しています。このため一口に障害者支援施設といっても，具体的な事業内容はさまざまです。例えば，就労継続支援を中心として実施している施設でも，主な対象者が精神障害者である施設もあれば知的障害者である施設もあります。同様に入所施設サービスの生活介護を実施している施設であっても，主な対象者を視覚障害者としている施設もあれば，肢体不自由者としている施設もあります。

　以上のような特性から，障害者支援施設での実習を考えるときには，主な対象者と主な事業を絞り込み，その後で具体的な施設を選んでいくことになります。そのため，選ぶ際には各施設の特徴をしっかりと調べる必要があります。

　いずれの施設を選ぶとしても，対象者の特性に応じた事前学習が欠かせません。基礎疾患に関する知識や行動支援に関する知識・技能などを学んでおきましょう。また，「障害学」と呼ばれる領域がありますが，自立の理念や「障害」を理解する枠組み，障害者と援助者・支援者との関係性，社会リハビリテーションなどについても事前に学んでおきます。

　社会福祉士を目指す学生の実習では，生活支援員としての実習が中心になります。実習では，対象者と直接的に関わりながら学んでゆくことが多くなりますが，関わりの中からコミュニケーション能力を育て，対象者を理解し，ニードを理解していきましょう。さらに，他職種との連携や他機関・家族との連携や個別援助計画の立案等，社会福祉士としての課題にも取り組んでいきましょう。

（7）特別養護老人ホーム

　老人福祉法第20条の5に「第11条第1項第2号の措置に係る者又は介護保

険法の規定による地域密着型介護老人福祉施設入所者生活介護に係る地域密着型介護サービス費若しくは介護福祉施設サービスに係る施設介護サービス費の支給に係る者その他の政令で定める者を入所させ、養護することを目的とする施設」と規定されています。

入所の対象となる者は、65歳以上の者であって、身体上又は精神上著しい障害があるために常時の介護を必要とし、かつ、居宅においてこれを受けることが困難なものを措置することになっていますが、現実には介護保険制度における指定介護老人福祉施設として、介護保険法の要介護者が対象となります。つまり、特別養護老人ホームは、老人福祉法に基づく老人福祉施設と介護保険法に基づく介護保険施設という2つの顔を持っており、介護保険法に基づく利用が優先されることになります。ただし、近年では高齢者虐待を受ける高齢者も増加しており、居宅における虐待者との分離を目的とした行政（市町村）の措置による入所も増えてくるでしょう。

職員配置としては、施設長、医師、生活相談員、介護職員又は看護師若しくは准看護師、栄養士、機能訓練指導員、調理員、事務員その他の職員で、このほか介護保険のサービスを提供するため（サービス事業者の指定を受けるため）には、必ず介護支援専門員を配置しなければなりません。

社会福祉士を目指す学生の実習では、生活相談員としての実習が中心になります。家族との面接等を直接行うことは難しいですが、実習指導者の面接場面に同席させてもらったり、さまざまな会議等に出席させてもらい生活相談員の仕事をみることができるでしょう。直接的な体験としては、利用者とのコミュニケーションを通して、さまざまな情報を集め、生活課題を明らかにする中で、支援計画を立てることができます。また、施設によっては身体

介護を行う実習をともなうこともありますが，その場合は，身体介護を通して利用者の身体的状況を把握するとともに，コミュニケーション能力を高めたり，ニード理解を深めたりしながら支援の方法についても学んで下さい。

そのほか利用者との関わり以外においても，専門職間の連携や地域との関わり，併設されている在宅サービスについて学ぶこともでき，地域における社会資源としての位置づけや役割を学ぶこともできるでしょう。

事前学習においては，高齢者に関する制度的知識はもちろんのこと，高齢者が罹る病気，認知症の症状，介護の知識等も事前に学んで置く必要があります。また，レクリエーション等を実習生が企画する体験をさせてくれる実習施設もありますから，事前にプログラム等の準備などをしておくとよいでしょう。

(8) 介護保険法における特定施設

介護保険法第8条第11項において定められており，有料老人ホームその他厚生労働省令で定める施設である養護老人ホーム，軽費老人ホーム，適合高齢者専用賃貸住宅等において，「入居している要介護者について，当該特定施設が提供するサービスの内容，これを担当する者その他厚生労働省令で定める事項を定めた計画に基づき行われる入浴，排せつ，食事等の介護その他の日常生活上の世話であって厚生労働省令で定めるもの，機能訓練及び療養上の世話」を行う施設です。

この特定施設については，2006（平成18）年度より大きく2種類に分けられました。一つは一般型特定施設で，有料老人ホームや軽費老人ホーム等に介護保険の介護サービスが付いているというものです。もう一つは，外部サービス利用型の特定施設で，養護老人ホームや有料老人ホームなどの利用者に対して，施設が外部の居宅サービスと契約してサービスを利用できるようにしている施設です。それぞれ性格がかなり異なるため，ここでは一般型特定施設について説明します。

一般型特定施設の職員配置基準としては，生活相談員，看護職員，介護職員，機能訓練指導員，計画作成担当者（介護支援専門員），常勤管理者となっています。一般型特定施設の場合，住宅型の施設が併設されていることも多く，加齢にともない介護サービスが必要となった場合でも環境を大きく変えることなく住み続けることができます。

　社会福祉士を目指す学生の実習は特別養護老人ホームの場合と同様になると想定されますが，各施設によって利用者の状態も多様ですから，対象者の状態に合わせて実習内容も異なってくるでしょう。

（9）介護老人保健施設

　介護保険法第8条第27項に基づく施設で「要介護者…〔中略〕…に対し，施設サービス計画に基づいて，看護，医学的管理の下における介護及び機能訓練その他必要な医療並びに日常生活上の世話を行うことを目的とする施設」とされています。

　入所対象者は，介護保険の要介護者ですが，サービスが「看護，医学的管理の下で」行われることから，福祉施設では対応が難しい医療ニーズの高い方が利用されていることもあります。

　職員配置基準は，医師，薬剤師，看護・介護職員，支援相談員，理学療法士，作業療法士又は言語聴覚士，栄養士，介護支援専門員，調理員，事務員その他の従業者とされていますが，特別養護老人ホームと異なるのは，医師や看護職員や理学療法士などの医療職の配置が多く，また医療法人で運営され病院や診療所に併設されている施設が多いために，医療施設の特徴を持っ

ある学生が実習施設を決めるまで②
——私は入学前に老人福祉に進むと決めていました

　私は，高校時代に特別養護老人ホーム（以下，特養）でボランティア体験をしたことがきっかけで，福祉の仕事に関心を持ちました。この経験から将来は特養の相談員として働きたいと考えていて，実習施設も特養を中心に考えました。
　実習先を選ぶに当たっては，ユニット型特養にするか従来型特養にするかで迷いましたが，より多くの利用者や職員と接したいと考え，従来型特養を選びました。さらに，地域包括支援センター（以下，包括）にも興味があるため，包括がある法人を探したところ，1カ所だけ条件に合う法人があり，通える範囲だったので，そこを第1希望としました。第2希望は，担当の先生に先進的なサービスに取り組んでいる施設を聞いて，宿泊での実習になるということでしたが，その施設にしました。宿泊での実習には少し不安もありましたが，実習以外のことを考えないで取り組むのも良いのかなと思いました。第3希望の施設は通える範囲で比較的近い特養とし，第4希望は老人保健施設にしました。

た施設であるという点です。
　社会福祉士を目指す学生の実習では，支援相談員としての実習が中心になりますが，サービスにおいても「看護・医学的管理の下における……」と規定されているように，多数の看護・医療の専門職が関わっており，それぞれの専門職間の役割や連携を意識しながら取り組む必要があります。
　また，老人保健施設は制度導入時から家庭復帰を目的とした中間施設として位置づけられていました。併設病院等から退院した患者が家庭に帰る前に一時的にリハビリをした上で，家庭へ戻るというものですが，2012（平成24）年の介護報酬の改定おいても家庭復帰を促進するために地域連携クリティカルパスが導入されており，入所されている方が地域に移行するための地域連携を視野に入れながらサービスをみていく必要があります。ただし，施設によっては，入所者の要介護度が重度の方が多かったり，医療的ニーズの高い入所者が多かったりするために，病院の治療的機能と特別養護老人ホームの介護を中心とした生活支援の中間的な性格を担っている施設も少なくありま

せん。

　以上の特徴を踏まえて，実習においては特別養護老人ホームと同様に，生活場面でコミュニケーションを取りつつ利用者への支援計画を立てる等のさまざまな取り組みができるものと思います。

　事前学習では，特別養護老人ホームと同様に制度やコミュニケーション技術はもちろんのことですが，医療的専門職が多いことから，高齢者特有の病気の知識や各専門職の業務や役割等について事前に理解しておく必要があります。

(10) 児童相談所

　児童福祉法第12条に基づく行政機関で，都道府県と指定市に設置が義務づけられています。業務は次の5つで，その運営は「児童相談所運営指針」に基づいて行われています。

　① 相　談：子どもの福祉に関する様々な相談に応じる。
　② 調査・診断・判定：相談や通告に対して，社会診断や心理診断，医学診断や行動診断をもとに，判定会議や援助方針会議により援助方針（プランニング）を作成する。
　③ 援　助：子どもや保護者等に対して行う援助で，その方法は在宅指導，児童福祉施設等への入所措置，里親委託，家庭裁判所送致，家事審判の申立て等がある。
　④ 一時保護：一時保護所での，子どもの保護と行動状況の把握。
　⑤ 市町村への援助：市町村相互間の連絡調整や情報提供，市の福祉事務所や町村役場では対応困難な，要保護性の高い児童への援助。

児童相談所には所長，児童福祉司，児童心理司，医師が，また一時保護所には児童指導員，保育士等が配置されています。

　このうち社会福祉士を目指す学生の実習では，児童福祉司や児童指導員として実習を受けます。児童福祉司は子どもに関する相談に応じて，子どもや家族に対して援助を行っており，児童指導員は一時保護所において，子どもの生活指導や学習指導等を通して，一時保護中の子どもの行動観察を行っています。

　児童相談所は子ども家庭福祉に関する専門的な相談援助機関であると同時に，地域の中核的な行政機関でもあるので，「法の適正な執行」という行政機関の役割と機能についての理解が必要です。特に，子ども虐待に関する安全確認，立入調査や出頭要求，家庭裁判所に対する施設入所承認や親権の一時停止の家事審判請求等への強制介入，法的対応等に関する理解が不可欠となります。

　また，一時保護所で子どもと接する際には，子どもの健全な成長や発達を支援するという観点をもつことが必要です。単に子どもと遊んでいればよいわけでなく，児童指導員や保育士が子どもにどう関わっているのか，その意味についても関心をもつ必要があります。

(11) 福祉事務所──市・特別区が設置する福祉事務所

　社会福祉法第14条第1項により，都道府県・市・特別区は義務設置であり，第3項により町村は任意設置とされています。ほとんどの町村には福祉事務所が設置されていないので，設置されていない町村を管轄するのが「都道府県（郡部）福祉事務所」です。また市・特別区に設置されている福祉事務所は，一般的に「市部福祉事務所」と呼ばれています。ここでは設置数の多い「市部福祉事務所」について説明します。

　同法第14条第6項には市部福祉事務所の業務は福祉六法に関する援助と規定されていますが，他に介護保険法による申請の受理や認定調査，介護認定

審査会に関する業務，精神障害者や婦人保護，民生委員や社会手当等の，福祉六法の隣接領域の業務も担っている福祉事務所が多いのが実情です。

福祉事務所には所長，査察指導員，現業員が配置されていますが，福祉六法に関する相談援助を行っている現業員がソーシャルワーカーと位置づけられています。よって，社会福祉士を目指す学生の実習では現業員として実習を受けますが，福祉事務所では一般的に「ケースワーカー」と呼ばれています。なお，社会福祉法第15条第6項に現業員は社会福祉主事でなければならないとあり，資格取得者でなければ業務を担うことができないとされています。

福祉事務所では実習配属先の課・係によって，実習内容が「生活保護が中心」「福祉六法全般」「複数の領域」等に分かれます。つまり配属先によって実習内容が違うので，配属先に沿った実習課題を個々に計画する必要があります。また，福祉事務所が所管している社会福祉施設での実習もありますので，そのための事前学習も必要となり，社会福祉各領域の専門知識と技術が求められます。

このように福祉事務所の場合，配属先によって実習内容が異なりますが，どこに配属されたとしても「ソーシャルワーカーによる相談援助活動の実際から福祉事務所の役割や機能を学ぶ」という共通した実習課題があり，実習中は共通課題と個々の実習課題の両方を意識しておくことが大切です。

(12) 社会福祉協議会──市町村社会福祉協議会

社会福祉法第109〜111条により組織されている社会福祉法人が運営する民間団体で，地域福祉の推進を目的としています。市町村を単位とする市町村社会福祉協議会，都道府県を単位とする都道府県社会福祉協議会，国レベルの推進や調整を行う全国社会福祉協議会がありますが，ここでは設置数の多い「市町村社会福祉協議会」について説明します。

同法第109条には市町村社会福祉協議会の事業として，①社会福祉事業の

企画や実施，②社会福祉活動への住民参加のための援助，③社会福祉事業の調査・普及・宣伝，連絡調整・助成，と定めています。これら3つの事業や活動の企画・実施をして，関係機関と連絡調整を行っているのが市町村社会福祉協議会の「事務局」であり，実習生はこの事務局に配属されます。

市町村社会福祉協議会には福祉活動専門員，地域福祉活動コーディネーター，ボランティアコーディネーター等が配置されていますが，これらは専門性からいえば「コミュニティソーシャルワーカー」といえ，社会福祉士を目指す学生の実習ではコミュニティソーシャルワーカーとして実習を受けます。

市町村社会福祉協議会では相談事業，生活福祉資金貸付事業，ボランティア活動の推進，小地域ネットワーク活動，日常生活自立支援事業，介護保険制度における居宅介護支援事業・訪問介護・通所介護，配食サービス，福祉教育の推進，社会福祉施設の運営等の事業を行っています。つまり市町村社会福祉協議会によって事業内容が異なるので，実習配属先によって実習内容もさまざまです。

よって，実習配属先の業務を把握し，その業務に沿った実習課題を計画するので，事前学習も多くのことが求められ，社会福祉各領域の専門知識と技術が必要です。

市町村社会福祉協議会は実習生の住んでいるどの地域にもあるので，事前にボランティア活動等で体験することが大切で，それを通して，何を学びたいのかの方向性が見えてくると思います。

(13) 地域包括支援センター

介護保険法第115条の46により設置されている相談援助機関で，運営は市町村の直接運営，または社会福祉法人や医療法人等への委託で行われています。同条には「地域住民の心身の健康の保持及び生活の安定のために必要な援助を行うことにより，その保健医療の向上及び福祉の増進を包括的に支援

することを目的とする」と規定されています。

　同法第115条の45には「包括的支援事業」として，①介護予防ケアマネジメント，②総合相談・支援，③権利擁護事業，④包括的・継続的ケアマネジメント支援を定めており，これら4つの事業により地域包括ケアを目指す拠点が地域包括支援センターです。なお，この施設は，2005（平成17）年の介護保険制度の見直しにおいて，従来の在宅介護支援センターが再編成され，2006（平成18）年4月より設置されたものです。

　地域包括支援センターには社会福祉士，保健師，主任介護支援専門員が配置されており，社会福祉士は「②総合相談・支援」と「③権利擁護事業」を，保健師は「①介護予防ケアマネジメント」を，主任介護支援専門員は「④包括的・継続的ケアマネジメント支援」を担当しています。つまり，各専門職がその専門性を発揮しながら，連携・協力して業務を行う「チームアプローチ」の考え方を大切にしています。

　社会福祉士を目指す学生の実習では，当然のことながら社会福祉士として実習を受けます。なお，地域包括支援センターは職種名称（業務内容としての社会福祉士）と資格名称（必要な資格としての社会福祉士）が一致している唯一の相談援助機関です。

　実習にあたっては社会福祉各領域の専門知識や技術が必要です。特に高齢者福祉制度，介護保険制度，権利擁護事業等の内容，ソーシャルワークの基本理論やアプローチ方法，基本的な疾患に関する知識も求められます。

　また，「3人の専門職」が「4つの業務」をチームアプローチで行うので，各専門職の業務についても学習しておくことが必要です。その地域包括支援センターが管轄している生活圏域の地域性等も把握しておくことが重要です。

(14) 医療機関

　医療機関を規定するのは医療法です。第1条第5項に「病院」は20人以上の患者を入院させる施設，「診療所」は19人以下の患者を入院させる施設ま

たは入院施設を持たないものと規定されています。同法に高度な医療技術の開発及び医療研修を目的とした「特定機能病院」と地域の病院や診療所を後方支援する「地域医療支援施設」（第4条）の明記もあります。

さらに病院には「精神科病床」「感染症病床」「結核病床」「療養病床」「一般病床」の5つの病床種別があり，各病床に人員配置と構造設備基準が設けられています。医療機関では医療法による規定の他に内科や外科など診療科も重要です。医療機関にはたくさんのルールがあり，理解は難しいと感じるかもしれませんが，これまでの経験や地域にある医療機関を思い浮かべて下さい。私たちの生活と医療機関が身近だと気づくはずです。

相談援助実習の法令指定施設に「医療法による病院・診療所」があります。ただし，医療機関は医療サービスの提供を第1の目的とし，その目的を達成するために福祉サービスの提供やソーシャルワーク支援を行う第2次分野です。

医療機関での福祉の専門家「医療ソーシャルワーカー（MSW: Medical Social Worker）」の名称を聞いたことがあると思います。日本医療社会福祉協会では「保健医療機関において，社会福祉の立場から患者さんやその家族の方々の抱える経済的・心理的・社会的問題の解決，調整を援助し，社会復帰の促進を図る業務を行います」と定義しています。その主な業務は，①療養中の心理・社会的問題の解決，調整援助，②退院援助，③社会復帰援助，④受診・受療援助，⑤経済的問題の解決，調整援助，⑥地域活動です。

相談援助実習では，医療ソーシャルワーカーの下で①〜⑥の業務や役割を学ぶことになります。加えて医療ソーシャルワーカーの業務や役割を学ぶ鍵は2つの「連携」です。第1は医師，看護師，理学療法士，作業療法士，薬剤師等の専門職と医療チームの一員として「連携」をとりながら業務を行う，

第2は他の機関・施設（福祉事務所，地域包括支援センター，老人保健施設等）や他機関の専門職と「連携」をとりながら業務を行う，という2つです。

実習の事前学習として実習機関の機能，特徴，地域性を調べるだけではなく，他の専門職の業務と役割（資格の法的根拠），実習機関に関係する機関・施設を調べておく必要があります。特別養護老人ホームや児童養護施設等の第1次機関へ実習する人にも利用者支援に医療・保健・福祉の連携が欠かせないため社会資源の一つとして医療機関の理解は必要です。

3　社会福祉に関わる専門職資格

（1）社会福祉士

社会福祉士及び介護福祉士法第2条第1項に社会福祉士の定義が規定されています。しかし，条文は少々わかりにくいので，次のようなやさしい文章にしてみました。条文と比較しながら読んで下さい。

「社会福祉士とは社会福祉士という名称を使用して，専門的知識と技術を活用しながら次の仕事を行うものです。仕事の対象者としては，体や心に病気や障害をもっている方，その方の置かれている環境の状況により日常生活を送るのが困難な方です。それらの方に対して，福祉に関係した相談を受けたり，その相談に対してアドバイスや指導をしたり，関係者との連絡や調整をしたりするのが仕事で，法律ではこれを相談援助といいます。

なお，関係者とは，福祉サービスを行っている人（例えば介護福祉士や施設職員），医師，保健医療サービスを行っている人（例えば看護師や栄養士），福祉や保健医療以外の分野でサービスを提供している人です」。

社会福祉士は資格の名称であって，仕事上での名称（職名）ではありませんから，「私は将来，社会福祉士の仕事をしたいです」は正しくありません。「社会福祉士という名称を使用して」と規定されていますから，「私は将来，社会福祉士の資格をとって，障害者施設の生活支援員として働きたい」であれば合格です。

　また，「福祉に関係した相談を受けたり，その相談に対してアドバイスや指導をしたり」と規定されています。相談援助というと面接室で利用者の相談にのって，その場でアドバイスするというイメージがあるかもしれませんが，単に座っているだけの仕事ではありません。知的障害者施設の生活支援員は排泄介助や入浴介助もしますし，木工や陶芸作業の指導もしますから，相談援助とは幅広いものだと理解することが大切です。

　なお，社会福祉士は社会福祉の質の向上を願って1987（昭和62）年に設けられた資格です。そのため社会福祉士及び介護福祉士法には，「誠実義務」（第44条の2），「信用失墜行為の禁止」（第45条），「秘密保持義務」（第46条），「連携」（第47条），「資質向上の責務」（第47条の2）と，業務にあたっての義務や禁止行為が規定されています。これら条文の内容を理解することが，ソーシャルワーカーを目指す人の第一歩といえるでしょう。

（2）精神保健福祉士

　精神保健福祉士法第2条に精神保健福祉士の定義が規定されていますが，日本精神保健福祉士協会では，次のように説明しています。

　　「精神保健福祉士は精神科ソーシャルワーカー（PSW: Psychiatric Social-Worker）という名称で，1950年代より精神科医療機関を中心に医療チームの一員として導入された歴史ある専門職です。社会福祉学を学問基盤として，精神障害者の抱える生活問題や社会問題の解決のための援助や，社会参加に向けての支援活動を通して，その人らしいライ

フスタイルの獲得を目標にしています」。[(2)]

　精神保健福祉士はこれまでの相談援助実践の伝統を引き継ぎながら1997（平成9）年に国家資格として誕生しました
　しかし，主な支援対象である精神障害者のイメージがなかなかできないとの声をよく聞きます。精神保健および精神障害者の福祉に関する法律（精神保健福祉法）の第5条に「この法律で『精神障害者』とは，統合失調症，精神作用物質による急性中毒又はその依存症，知的障害，精神病質その他精神疾患を有する者をいう」と定義されています。精神保健福祉法の定義によると，精神障害に知的障害や認知症も含まれることになりますが，知的障害者の中でも精神医療を必要とする者は法の対象となります。
　また，精神障害の特徴として「疾患と障害」の並存が挙げられ，医療と福祉の支援が同時に不可欠となります。精神保健福祉士のカリキュラムには，ソーシャルワーカーに求められる社会福祉の知識と技術を学ぶ科目と精神医学やメンタルヘルスを学ぶ科目の両方が配置されています。
　精神保健福祉士の活動は保健・医療・福祉と広域です。具体的には①精神科病院や診療所，総合病院の精神科等の医療機関，②障害者総合支援法に基づく地域活動支援センター，福祉ホーム，グループホーム，就労移行支援事業，就労継続支援事業等の障害者支援施設，③精神保健福祉センター，保健所，福祉事務所などの行政機関です。近年，保護観察所，矯正施設等の司法機関，精神疾患が国の5大疾病の一つとして位置づけられたように雇用機関（ハローワーク），教育機関，一般企業へと活躍の場が広がりつつあります。詳しくは日本精神保健福祉士協会ホームページを参照して下さい。
　社会福祉士と精神保健福祉士の両受験資格を取得できる養成校がありますが，どちらも実習が義務づけられており，精神保健福祉士の実習は，2012（平成24）年度より実習時間が180時間から210時間に延長され，精神科医療機関（90時間以上）とその他の機関の2施設での実習が必要になります。

（3）介護福祉士

　社会福祉士及び介護福祉士法第2条第2項に介護福祉士の定義が規定されていますが，そもそもの法律名が「社会福祉士及び介護福祉士」となっているように，社会福祉士と介護福祉士には共通の考え方やルール（規定）がたくさんあります。

　まず，仕事の対象者は共通して「体や心に病気や障害をもっている方，その方の置かれている環境や状況により日常生活をおくるのが困難な方」と定められています。また，国家資格を持つ者として仕事をしていくにあたって，「誠実義務」（第44条の2），「信用失墜行為の禁止」（第45条），「秘密保持義務」（第46条），「連携」（第47条），「資質向上の責務」（第47条の2）といった義務や禁止行為のルールも共通です。

　一方で社会福祉士とは明確に異なること，それは対象者に対する援助の内容です。

　法律では，社会福祉士は「相談援助」を専門に行う者であり，介護福祉士は，対象者の「心身の状況に応じた介護」を専門に行ったり，指導したりすると定められています。この「心身の状況に応じた介護」をもう少し具体的に説明すると，「炊事に部屋の掃除や洗濯といった家事一般から，ご飯を食べること，お風呂に入ること，トイレに行くこと等といった人間が生きていく上で必要不可欠な行為を自分だけでこなすことが困難な方や，場合によっては，例えばノドにからんだタンを自分ではうまく吐き出せない方（これは，正式には「喀痰吸引」という医療的行為です）等に対して，直接身体に触れる行為も含めて援助を行ったり，指導したりすることを専門に行う人」ということになります。ですから，介護福祉士が実際に働く現場は，特別養護老人ホームや障害者支援施設等といった日常的な生活全般に援助が必要な方々が

利用している福祉施設から，自宅で生活しながら援助を必要としている方に対するサービス提供（在宅支援事業）等まで幅広く，少子高齢が深刻な社会状況の中で，さらなる活躍が期待されている福祉専門職の資格の一つといえるでしょう。

4　あなたの希望を明確にしよう

　皆さんの中には，入学時点で既に将来働きたい領域を決めている人もいますが，福祉の仕事がしたいとは考えていても具体的には絞り込めていない学生も多数います。ここではそのような学生を念頭に，希望先を明確にしていく方法を示していきます。まず，次のワークシートを埋めていきましょう。実習指導担当教員と相談するときにもこのワークシートを活用すると，円滑に相談ができると思います。

身体機能や健康状態などで何らかの制限がありますか。

　例えば，慢性の腰痛を抱えている学生であれば，介護業務が多いような実習先であると，実習が難しいかもしれません。食品アレルギーが強い場合は，対象者と同じ食事をするような施設での実習は難しいでしょう。
　実習施設と協議して実習内容を調整していただくことも可能なので，一概に諦める必要はありませんが，実習施設の選択では教員とよく相談する必要があります。

---
①　あなたが社会福祉士を目指そうと思ったきっかけは何ですか。

---

② あなたが興味・関心を持っている対象・対象者は誰ですか。児童ですか，障害者ですか，高齢者ですか，地域ですか，生活困窮者ですか，それとも…。

③ あなたは，将来どのような仕事（業務）に就きたいですか。

④ 興味・関心を持っている対象・対象者と業務を考え合わせると，どのような施設・機関になりますか。

　ワークシートは埋まったでしょうか。埋まった人は，ある程度の絞り込みができたと思います。では，その施設・機関での実習をイメージしてみましょう。イメージするためにはある程度の下調べが必要になります。先輩達の実習報告書などを参考にして調べてみましょう。
　あなたが絞り込んだ実習施設・機関にはどのような対象者がいますか，どのような業務について実習するでしょうか，対象者とはどのような関わりになりますか。イメージした実習は自分が希望する実習内容と重なるでしょうか。ここであまりにかけ離れているようであれば，再度考え直してみるべきかもしれません。このような場合も実習指導担当教員と相談しましょう。
　なお，イメージした内容と実際の実習は大きく異なりますが，それでもイメージをしておくことで一定の心構えができますし，必要な準備も考えられ

ます。

　ここからはさらに理解を深めて，希望先を明確にしていきましょう。まず，絞り込んだ実習施設・機関についてさらに調べましょう。複数の領域に関心を持った人は，それぞれについて調べてみましょう。

⑤　法律上の位置づけ
⑥　対象者の特徴
⑦　対象者に起きている問題，生活困難
⑧　当該施設・機関での社会福祉士の職務
⑨　施設・機関をめぐって議論になっているテーマとその内容

　⑨は少しわかりにくいかもしれません。具体例を挙げると，例えば知的障害者の入所施設では脱施設化が議論されていますし，特別養護老人ホームで

は終末期介護のあり方や介護職員の定着に向けた対策が議論されています。それらについて理解を深めることで実習内容が豊かになっていきますから，ぜひしっかり調べて下さい。

　ここまで来ると，希望先はかなり明確になってきていると思います。ここから先は実際に希望する施設・機関を選ぶ作業になります。

　実際に施設・機関を選ぶ際には，まず第1に実習機関が示している受け入れ条件を確認します。実習施設・機関によっては，「受け入れは男性のみ（または女性のみ）」としているケースや，「市内在住者希望」としていることもあります。

　次に，宿泊を希望するのか通学を希望するのかを考えます。宿泊を希望する場合は実習施設・機関が示している条件（男女の別）を確認し，宿泊費や食費を確認します。宿泊実習を受け入れている施設は多くありませんが，通学時間がないため体力的な負担が少ないことや，生活空間や食事が対象者と共通になることから，対象者の生活をより身近で感じられるという利点があります。反面，精神的な負担を感じる学生もいるようです。

　通学する場合は通学方法と時間，交通機関の状況，実習時間帯の確認（特に入所型施設）が必要になります。通学時間が長くなると体力的な負担が大きくなります。筆者の経験では，最長でも片道1.5時間程度までが望ましいと思われます。入所施設の場合は変則勤務に合わせた実習になることがあるので，早番や遅番に対応できるかどうかも確認します。稀に，実習直前になって「通うのが難しい」と訴えてくる学生がいますが，そのようなことがないように十分に調べて下さい。

　各養成校では，通学の条件を「公共交通機関による」として，自家用車やオートバイでの通学を認めていないことが多いと思われます。また，養成校としては自家用車やオートバイでの通学を認めていても，自家用車やオートバイでの通学を認めていない実習施設・機関もあります。安易に考えずに，養成校や実習施設・機関が定めている条件を確認して下さい。

注
(1) 日本医療社会福祉協会 HP（www.jaswhs.or.jp, 2012年11月9日アクセス)。
(2) 日本精神保健福祉士協会 HP（www.japsw.or.jp, 2012年11月9日アクセス)。

第 3 章　実習の前に考えること・学ぶこと

本章では，相談援助実習の入口である事前学習の方法について学びます。いわゆる法令指定授業科目である「相談援助実習指導」の事前学習の内容として必要とされている事項です。事前学習についておおよその展開に沿って理解し，一つひとつの内容及び留意事項等について学びます。なお，実習直前のチェックポイント，実習計画を作成する上で欠くことのできない実習機関・団体・施設の実習モデルや実習中のエピソードについては，第4章に詳述しています。

　具体的には，まず第1節で，実習は何のためにするのか，資格のためか，自分を知るためなのか，あるいは将来の進路のためなのか，自分自身を考えるための素材が提供されます。

　続いて第2節では，実習のための準備，事前学習の仕方について整理します。まず，実習の心がまえ，専門職としての倫理や職場倫理，社会的マナーやルール等について学びます。さらに，実習先の種別の概要（歴史，社会的意義，法制度，現状，必要とされる知識・技術等）について調べます。続いて，事前訪問，オリエンテーション，体験実習等を参考に具体的実習先の現状について学びます。その上で，実習機関・団体・施設での経験を想定した模擬面接，ロールプレイやケース・カンファレンスの実施等を通じて，実習で何を学ぶのか固めていくことになります。

　そして，最後に，実習のための手続きの流れや留意事項，実習計画の作成，実習記録の書き方等，実習を有意義に過ごし，事後学習につなげることも意図した学習を進めることとなります。

1　何のために実習するのか
――日々の学生生活から「社会福祉」を考える――

　本書の読者の多くは，社会福祉士受験資格取得に必要な相談援助実習を前にし，その準備を進めようとしていることでしょう。ところで皆さんは何の

第3章 実習の前に考えること・学ぶこと

ために相談援助実習を行うのでしょうか。そのことを考えるにあたり，まずは皆さんの日々の生活に目を向け，そこを起点に，社会福祉を学び実践することとの関連を探ることから始めましょう。

（1）中学・高校での学びとの違い

　大学・短期大学・専門学校での学びがそれまでの中学校や高校とは異なることを，皆さんは実感していることでしょう。もちろん，各々の教育機関によって違いはありますが，概ね次の3点のような違いは共通しているかと思います。第1に，学生の学問的興味や進路に即して，学生自身が時間割を組み立てること。第2に，演習・実習科目など，教員と各学生間での双方向のやりとりを行う科目があること，第3に，課外での自由時間の活用に多様性があること。

　高等教育においては学生の選択と主体性が大きく求められることがわかります。社会福祉学を学ぶ課程において，講義による学びとともに重視されるのは演習・実習科目です。学生は一方的に教員から教わるだけの存在ではないのです。学問において必要とされる知を深めるために他学生と共同し議論しながら学び，また，実践を想定しての模擬練習を行う，そうした演習・実習科目では学生自らの主体性が求められます。

　主体性をもって学業に臨むためには，自分自身が将来なりたい人物像や就きたい職種のイメージを思い描き，そのイメージを日々の学びの動機づけとしていくことが重要です。皆さんはなぜ，今，社会福祉を専門に学んでいるのでしょうか。社会福祉に関心を寄せたのはどういった理由からでしょうか。そして将来，どのような自分であろうとしているのでしょうか。

（2）課外での学びの広がり

　中学・高校での学びと現在の学びとの違いについて，学ぶ者の主体性が大きく求められることを述べましたが，課外に目を向ければさらに大きな違い

59

があることでしょう。進学を機に一人暮らしや学生寮での暮らしを始めた学生にとっては，「生活」という面でさまざまな新しい経験を積むことになります。生活リズムの自律，日々の食事づくり，自室の清掃，衣服の洗濯，生活費の計算など，これまで親家族が担ってくれた事柄を行わなければなりません。毎日の食事においてカップ麺が続いては，たしかに安上がりですが，栄養が偏ってしまいます。一方，毎日が外食では1カ月の生活費をオーバーしてしまうことにもなりかねません。私たちはどのように「生活」を営むのか，「安定した生活」には何が必要なのか，そのことを，体験をもって理解することとなります。

また，大学等ではクラブやサークル活動に精を出したり，アルバイトに励む学生も多いことでしょう。そこでは，同輩のみならず先輩や後輩，アルバイト先での上司等の年齢が異なる人々との協働が必要となります。他にもクラブ・サークル，アルバイトでは時間を守ることや，求められる役割を責任をもって果たすことが求められます。

こうして考えると，普段行っている事柄の中に，この社会の中で暮らしていくにあたり必要な要素が詰め込まれていることがわかります。皆さんは，「生活」「暮らし」を，自身と深くつながりのある事柄であると意識しながら日々を過ごしているでしょうか。皆さん自身の「生活」はどのように構造化されているでしょうか。「生活」を支える要素は何でしょうか。また，皆さんは自分以外の他者とどのように人間関係を作っていますか。他者の意見に耳を傾けつつ，相手の心情に想像力をもって働きかけ，関係を結ぶことができているでしょうか。

（3）社会福祉は「生活」が主題となる

ここで，社会福祉と「生活」との関連性について考えてみましょう。

社会福祉を簡潔に定義することは極めて困難ですが，ここでは第1章においても言及した岡村重夫の研究から考えてみましょう。岡村は，社会福祉は

「その発展の当初から人の生活上の困難にかかわってきた」と述べ，さらに次のように続けます。「この生活難は，個人的，主観的な困難ではなくて，社会制度の欠陥を表現する社会問題としての生活難であった。…（中略）…社会福祉が問題とする生活困難ないし生活問題とは，常に個人の社会生活上の困難ないし問題である」[(1)]。岡村は社会福祉の役割を個人と社会制度との間の調整を行うことに見出し，社会福祉援助を行うにあたっては，社会性の原理，全体性の原理，主体性の原理，現実性の原理の4つの援助原理を提唱しています。

　社会福祉は，社会との関連において生じる人々の生活課題の解決に向けた実践活動です。そこには個人の課題に着目するにとどまらず，その人を取り巻く社会制度・構造への働きかけを同時に行っていくことが必要となります。社会福祉を学び実践を志す者として，一人ひとりの命や生活に深く関心を寄せるとともに，人々の生活の実際とそこに立ち現れる課題が何かを多面的な角度から考え，解決に向けた道筋を考える力が求められるのです。

　もちろん，こうした実践力を身に付けていくためには，後から述べるように社会福祉についての専門的な知識と技術を体系的に学ぶ必要があります。しかし，そうした学びの出発点として，まずは自分自身を見つめ直し，自身の生活経験を豊かにしていくことが重要なのだと考えます。人の希望や生活のありようを，学生自身の尺度だけで価値判断していくことは慎まなければなりませんが，人のありようを知ることと自分を知ることは密接に結びつくものです。

（4）現場から学ぶことの重要性

　社会福祉を学ぶ学生においては，机上の学びのみならず，課外におけるボランティア活動等，社会福祉現場に触れる活動が極めて重要になります。その形態は実にさまざまです。著者の勤務する大学の学生たちも，多くが課外において社会福祉現場での活動を行っています。手話サークルに所属し手話

を学ぶとともに，聴覚障害者との交流を深め，情報保障の重要性を学ぶ学生。特別養護老人ホームでの喫茶コーナーを手伝うことで，自身よりはるかに年上の高齢者との敬意あるコミュニケーションを学ぶ学生。重度の肢体不自由者の在宅介護の活動を通して，介護技術を修得するとともに，住み慣れた環境で重度障害者が暮らし続けるにはどのような福祉サービスが必要かを学ぶ学生等。

　社会福祉に関する各法をみれば，その対象となる属性は，高齢，障害，子ども，低所得，母子家庭等，さまざまであることがわかります。また，高齢と一口に言っても，認知症を抱える人や終末期を迎えた人など一人ひとり同じようには語れませんし，母子家庭であることによる低所得等の複合的な生活課題を抱えている人々がいます。そうした人々に出会い，その生活課題の一端に触れることは，時に学生を大きく悩ませます。自身の無力さを実感することもあるでしょうし，現行の社会福祉制度の不十分さに憤りを感じることもあるでしょう。また，出会う人々の生きる力に勇気づけられたり，現場で働く人々の姿に将来の自分を重ね合わせることもあるかもしれません。社会福祉現場を体験することは現在の自分の力を試すとともにその程度を実感することでもありますし，その人が生きる現実とそれを取り巻く状況を把握することにつながります。

（5）何のために実習するのか

　あらためて皆さんは何のために実習を行うのか，じっくり時間をかけて考えてほしいと思います。

　卒業を間近に控えた学生たちに大学生活での思い出を振り返ってもらうと，多くの学生から実習経験が語られます。さまざまな生活課題を抱えた人々との出会いから学生たちの体験が広がるとともに，自身の学習課題がさらに明確化したことにより，それが卒業論文のテーマに結びつく学生もいますし，卒業後の進路を方向づけた学生もいます。もちろんその反対に，実習経験に

より社会福祉とは異なる道へと進路変更をした学生もいます。いずれにせよ，実習は皆さんにとって学生生活における大きな意味をもつことになるでしょう。

　しかし，ここで考えなければいけないのは，やはり「何のために実習をするのか」ということです。この後にも述べるように，現場経験を積むためなら，実習という形以外にも方法はあります。そうしたなか，相談援助実習は，社会福祉専門職養成という目的から行われるものだという認識が極めて重要になります。そもそも，社会福祉施設や機関に実習生を受け入れる義務はあるのでしょうか。答えは「ない」です。それでも実習生を施設・機関が受け入れるのは，後進を育成するためであり，社会福祉実践の理解者を育てるためです。その目的のために，時に実習指導者は，勤務時間外に及んで実習関係の指導業務を担って下さっています。また，学生は実習先を利用する方々の生活課題にふれ，学びを深めますが，それを許してくださっている利用者への感謝の気持ちを忘れてはいけません。

　そして，「何のために実習を行うか」を考えるにあたり，それは，単に「資格を取得することだけが目的ではない」ということも伝えたいと思います。就職にあたり，何らかの資格があった方が良いだろうと考える学生は少なくありません。相談援助実習は社会福祉士受験資格を得るためには必須ですから，資格取得を意識せざるを得ないことは確かです。しかし，そもそも資格にはどのような意味があるのでしょうか。

　社会福祉専門職に関する研究を行う秋山智久は，社会福祉専門職制度の理念と目的は，サービス利用者のための社会的発言力の強化，職業的確立，身分安定，社会的承認であり，この達成のために有資格者集団の形成，法定資格や民間認定資格の制定，人材確保のための財源，業務指針といった手段が必要になるといいます。[2]また，社会福祉士及び介護福祉士法の制定以降，社会福祉援助の質を担保するために資格の必要性が指摘されています。資格は就職を有利にするカードの一つではありません。社会福祉実践の質の担保お

よび社会的評価の向上といった意味を含むものなのです。

そうした意味を含む社会福祉士資格を取得するための相談援助実習です。そのための準備は万全にしたいものです。本節の冒頭でも述べたように，自身が主体的に学ぶために社会福祉への動機を明確にしましょう。何に問題意識をもち，どのような自分であろうとするのか。また，日頃の生活にも目を向けるとともに，日頃の大学での学びを大切にしましょう。

2 実習で求められる基本的態度

これまで，社会福祉を学ぶことと学生の日常とを関連させて述べてきました。では，社会福祉士養成カリキュラムにおける相談援助実習にはどのような意義と目的があるのでしょうか。本節では，まずこの点を確認した上で具体的に実習生に求められる基本的態度を述べていきます。

（1）相談援助実習の意義

先に，「現場」から学ぶことの重要性について述べました。ボランティア活動やアルバイトを通じての学びが重要であることはもちろんなのですが，それが相談援助実習を代替するものと考えることは誤りです。相談援助実習は，社会福祉士及び介護福祉士法に位置づけられた国家資格取得のための実習です。体系的な社会福祉専門職養成プログラムに組み込まれたものであることが，相談援助実習とボランティア・アルバイトによる現場経験とを分かつ違いであり，社会福祉士養成教育として相談援助実習を行うことの意義なのです。

相談援助実習は社会福祉施設や機関に関わる人々（職員やその施設・機関を利用する人々）と場の力を借りて，社会福祉の知識・技術・価値を身に付け，実践を試行するものです。さらに加えて，大学等における知識・技術・価値に関する学びと実習先での学びを連動させていくことや，実習後の振り返り

として実習体験を大学での学びと関連づけて言語化する力の養成，それらにあたって相談援助実習担当教員と実習施設の実習指導者によるスーパービジョンを受けること等，その場での学びにとどまらない内容を含みます。

実習施設での実習指導者および相談援助実習担当教員については2010（平成22）年度より，その要件が厳しくなっています。実習指導者は社会福祉士の資格取得後，3年以上相談援助業務に従事した経験のある者であって，厚生労働大臣が定める基準を満たす講習会の課程を修了した者とされています。相談援助実習担当教員についても，5年以上の実習教育のキャリアあるいは社会福祉士資格取得後5年以上の相談援助業務のキャリアがない者は，実習教育にかかる講習会の受講が必須となります。こうして社会福祉士養成を目的にした経験と教育を積んだ者が，学生の実習を指導するのです。

実習指導者と教員との指導を受けながら，学生は実習を体系的に学びます。大学等によっては，2カ所の実習先を経験できる場合もあれば，1カ所の実習先で集中的に学ぶ場合もあります。いずれにせよ実習時間は180時間以上ですから，実習できる施設・機関は限られたものとなります。しかし，相談援助実習は特定の利用者の課題解決法や実習先の理解にとどまるものではなく，どの領域にも通用するジェネリックな社会福祉士を目指す実習です。限られた実習先でありながらそうしたことを可能にするのが，大学での学びと実習先での学びの連動です。学生は，各講義科目とともに，実習の事前学習や，実習プログラム及び教員と実習指導者によるスーパービジョン，実習後の振り返りといった一連を通して，社会福祉の知識・技術・価値を理論的／実践的両面から学ぶことができます。

社会福祉士養成を目的ととらえた実習指導者による指導に基づき，社会福祉現場の体験と社会福祉実践を試行し，その学びを広く社会福祉の知識・技術・価値の学びへと結びつけていくこと。こうした事柄が相談援助実習を行う意義と言えるでしょう。

（2）社会福祉士養成教育全体から見た相談援助実習の位置づけと目的

　ここで，社会福祉士養成教育においてどのような学びが必要となるのかを確認しましょう。厚生労働省は社会福祉士養成にあたり，教育カリキュラムの構成を次の5つの科目群に区分しています。

　①　人・社会・生活と福祉の理解に関する知識と方法
　②　総合的かつ包括的な相談援助の理念と方法に関する知識と技術
　③　地域福祉の基盤整備と開発に関する知識と技術
　④　サービスに関する知識
　⑤　実習・演習

科目群①から④までは主に講義形式による学びとなりますが，⑤の実習・演習については講義形式で学習した知識・技術・価値の実践的な学習を企図しています。相談援助演習は大学等の養成校において150時間学ぶことが必要であり，相談援助実習前と実習後に配置されます。
　相談援助実習は180時間以上行うことが必要です。厚生労働省が示す相談援助実習のねらいは次の3点です。

　①　相談援助実習を通して，相談援助に係る知識と技術について具体的かつ実践的に理解し実践的な技術等を体得する。
　②　社会福祉士として求められる資質，技能，倫理，自己に求められる課題把握等，総合的に対応できる能力を習得する。
　③　関連分野の専門職との連携のあり方及びその具体的内容を実践的に理解する。

　この3点をさらに具体化すると，相談援助実習の目的は次のア～クになります。

ア．利用者やその関係者，施設・事業者・機関・団体等の職員，地域住民やボランティア等との基本的なコミュニケーションや人との付き合い方などの円滑な人間関係の形成。
イ．利用者理解とその需要の把握及び支援計画の作成。
ウ．利用者やその関係者（家族・親族・友人等）との援助関係の形成。
エ．利用者やその関係者（家族・親族・友人等）への権利擁護及び支援（エンパワメントを含む。）とその評価。
オ．多職種連携をはじめとする支援におけるチームアプローチの実際。
カ．社会福祉士としての職業倫理，施設・事業者・機関・団体等の職員の就業などに関する規定への理解と組織の一員としての役割と責任への理解。
キ．施設・事業者・機関・団体等の経営やサービスの管理運営の実際。
ク．当該実習先が地域社会の中の施設・事業者・機関・団体等であることへの理解と具体的な地域社会への働きかけとしてのアウトリーチ，ネットワーキング，社会資源の活用・調整・開発に関する理解。

（3）実習の心がまえ

相談援助実習は，はじめて社会に出て，社会福祉の実践を学ぶ場です。

実習生には，「学ぶ者」としてはもちろんのこと，「社会人」「職員」としてのマナーや取るべき行動が求められます。そこで，それぞれの立場において求められる基本的態度と責任について具体的に考えていきましょう。

1）学ぶ者としての立場

実習は，学校での講義や演習とは異なり，「実際の現場で体験する」という実践的な学習です。実習指導者や職員とともに，利用者とかかわりながら学んでいくことにその特徴があります。

まずはじめに，皆さんは施設見学やボランティア活動のように，社会福祉

の現場を「見る」「体験する」だけでなく，その体験から「学ぶ」立場にあることを確認したいと思います。

① 積極的な態度

　実習は，実習生だけで行うものではなく，「学びながら教わり，教わりながら学ぶ」という実習指導者や職員，利用者とのかかわりを通して学んでいくものです。実習を意味のあるものにするためにも，自分の設定した実習課題について十分に事前学習を行った上で実習に臨むことが求められます。

　また，実習先は機関や地域に応じてそれぞれ異なる役割を持っており，一人ひとりの利用者と職員が独自の関係性を持っています。十分な事前学習があっても，現場での圧倒的な現実を前にすると，「問い」が生まれてくることは当然のことです。実習生には，自ら「問い」を持つ姿勢と疑問に感じたことやわからないことをそのままにせず，積極的に質問する姿勢が求められます。

　ただし，質問をするときには，それがどのような背景にあるのか，実習指導者や職員がどのような判断で行ったのか，利用者がどう受け止めているか等をまずは自分で考えてみることが大切です。実習で体験することは現場での実践の一場面です。実習生は一場面だけを見て問題を指摘したり，断定的に物事を判断せず，まず実習先の全体像を積極的に知ることにつとめましょう。その日に質問できなかったことを整理し，実習日誌に記入して質問してみるのも一つの方法です。

　積極的な態度は自分自身の学びのためだけではなく，実習先に対する礼儀でもあります。

② 謙虚な姿勢

　実習は，実習先と利用者が受け入れてくださることで成り立っています。実習指導者や職員，何より利用者への感謝の気持ちを忘れてはいけません。初めて社会福祉の現場で「学ばせていただく」者として，謙虚な気持ちで実習に臨んでください。

第3章　実習の前に考えること・学ぶこと

　利用者にとって，実習先は生活の場，リハビリテーションの場，憩いの場等，どれもプライベートな場です。皆さんが，もし自分のプライベートな場を見ず知らずの実習生に見られるとしたら，どのように感じるでしょうか。

　同時に，実習先はそこで仕事に従事する人たちの職場でもあります。後進を育成するために，そして社会福祉への理解者を育てるために，実習先は実習指導の業務まで担ってくださっているのです。このような想像力を働かせれば，自ずと自分がどのような心がまえをもって実習に臨むべきなのかが見えてくるかもしれません。

　③　報告・連絡・相談

　実習生と実習指導者・職員との関係においては，報告・連絡・相談（ホウ・レン・ソウ）の徹底が特に重要です。実習生は，積極的な態度，謙虚な姿勢で実習に臨み，その経過や結果をきちんと報告することが求められます。

　また，実習中，疑問に感じたことやわからないことがあれば，必ず実習指導者や職員に相談しましょう。自分だけの判断で業務をすすめてはいけません。わからないことをそのままにしないことが大切です。

　業務を依頼されたり，指示されたりした場合は，終了後に必ず報告しましょう。

　また，実習中は事故がないように細心の注意をはらってください。万が一事故が発生した場合は，直ちに実習指導者か職員に連絡し，なるべく早い段階で実習担当教員もしくは実習センター等にも連絡しましょう。この場合も自分だけで判断せず，些細なことでも必ず連絡し，判断をあおぐことが大切です。

実習中に困ったことや悩みが生じたときには，一人で抱え込まずに実習指導者や実習担当教員に相談しましょう。

2）社会人としての立場

実習では社会人としての体験をすることになります。実習生であったとしても，実習先からは社会人としての基本的マナーやルールが身に付いていることが期待されています。就職活動を行うつもりで，実習に臨みましょう。

① 健康管理

実習では健康管理に十分配慮しましょう。実習先や利用者に迷惑をかけないように，そして自分自身が充実した実習にするためにも体調管理は実習生の責務です。

実習中は，慣れない環境の中で利用者や職員の動きに目を配り，その命やプライバシーにかかわる責任が伴うという緊張感の連続です。自分で想像する以上に疲れが蓄積します。アルバイト等は入れずに体を休めましょう。実習を最優先にしたスケジュール管理をしてください。

② 挨　拶

人間関係の基本である挨拶は，とても重要なものです。短期間の実習では，第一印象がその後の実習に大きく影響を与えることもあります。実習先で出会うすべての人たちに，自分から丁寧に挨拶できることが求められます。うつむいていたり，小さな声で受け答えをしていると，やる気がないと受け取られてしまいます。必ず相手の目を見て挨拶をしましょう。

利用者の状況によっては，自分から挨拶しても気づかれなかったり，挨拶が返ってこないことがあるかもしれません。しかし，皆さんは挨拶をしてもらうために挨拶をするのではありません。自信をもって自分から挨拶しましょう。

③ 言葉遣い

実習生には社会人としての基本的マナー，取るべき行動が期待されています。就職活動を行うつもりで礼儀正しい言葉遣いを身に付けて，実習に臨み

ましょう。コミュニケーションには言葉遣いだけでなく，表情や姿勢，声の大きさ等も含まれます。

　利用者に対しては，「おじいちゃん」「○○ちゃん」等とは呼ばず，その人の年齢にふさわしい呼び方をしましょう。呼び方としては「○○さん」「○○君」等が考えられます。実習指導者や職員が親しみを込めて「○○ちゃん」と呼ぶこともありますが，それはこれまでの信頼関係の上で成り立っているものです。皆さんは，「実習生」という立場であることを忘れないでください。

④　身だしなみ

　身だしなみは，身のまわりについての心がけを表します。視覚からの情報は，人の知覚の80％以上を占めるともいわれており，職員や利用者に対して，実習に対する意識が無言のメッセージとして伝わります。自分がどのように見られているのかを意識するようにしましょう。

　実習中の服装については，実習内容によっても異なります。できる限り動きやすい服装を心がける必要がありますが，動きやすい服装はだらしなくみられる場合もあります。事前に実習指導者によく確認してください。髪型や化粧についても実習先での印象を考えて判断しましょう。アクセサリーや長い爪は，利用者を傷つけてしまう可能性があるのでやめましょう。

⑤　通　勤

　実習中は社会人として扱われます。遅刻は絶対にしてはいけません。事前に実習先までどのくらいの時間がかかるのか確認しておくとよいでしょう。公共交通機関が遅れる場合も考えて，余裕をもって家を出ましょう。万が一遅れてしまう場合は，わかった時点で速やかに実習指導者か職員に連絡してください。実習時間が不足することもあるため，なるべく早い段階で実習担当教員もしくは実習センター等にも連絡しましょう。

　通勤以外にも，実習中は約束の時間を厳守しましょう。プログラムや会議等には余裕をもって向かう習慣を付けましょう。

⑥　携帯電話

　実習先に出勤する前に携帯電話の電源を必ず切りましょう。休憩中であっても電話やメールはやめましょう。どうしても使用しなければならない場合は，実習指導者や職員に断ってから使用してください。その他，所持品は自己責任になりますので，貴重品は持ち込まないようにしましょう。

3）職員としての立場

　利用者や来訪者の側から見ると，職員と実習生の違いが明確ではありません。皆さんは，職員として見られる場合もあります。自分自身が職員の立場で見られるとすると，実習先でどのように対応することが求められるのかを考えてみましょう。

①　利用者に対する責任

　実習中は実習指導者や職員の指示に従って行動してください。実習生が自分で判断して行動した結果，利用者や実習先に思わぬ不利益を与えてしまうこともあります。積極的に行動することは大切ですが，まず実習指導者や職員に確認してから行動に移すようにしましょう。

　利用者に対しては，尊敬の念を持ち，誠意をもって接するようにしましょう。利用者には積極的に接する（関心を持つ）ことを心がけますが，私的な関係を持つことのないように注意しましょう。むやみに利用者と約束をしたり，連絡先を交換したり等，プライベートな関係をつくることはやめましょう。実習中はあくまで実習生と利用者という関係であることを忘れてはいけません。

②　守秘義務

　社会福祉士及び介護福祉士法では，第46条において「社会福祉士又は介護福祉士は，正当な理由がなく，その業務に関して知り得た人の秘密を漏らしてはならない。社会福祉士又は介護福祉士でなくなつた後においても，同様とする」と規定しています。

　実習生には社会福祉士の資格はありませんが，社会福祉士を目指す者とし

て利用者のプライバシーを守ることは義務であり，実習中に知り得た情報を他の人に漏らすことがあってはなりません。実習時間内だけでなく，行き帰りの通勤中や実習終了後においても同様です。公共の場にて，実習生同士で利用者の話をすることは絶対にやめましょう。実習日誌やメモの取り扱いにも十分に注意しましょう。

　原則として，実習中に知り得た情報は他の人に話してはいけませんが，利用者の安全に著しくかかわる場合や，施設内虐待が疑われる事態に出会った場合等には，速やかに実習指導者や実習担当教員に相談しましょう。

　皆さんが利用者の立場になれば，秘密保持が義務であり，専門職の倫理であることが想像できるのではないでしょうか。

4）専門職の倫理

　専門職には専門的な知識と技術が求められます。しかし，「何を目指しているのか」「何を大切にするのか」という共通の指針がないと，相手（利用者）に不利益な状況が生まれてしまう可能性があります。

　そこで，専門的知識と技術に並んで，専門職に求められるのが専門職の倫理と価値です。福祉専門職を目指す者として，実習生にも守るべき倫理があることを忘れてはいけません。

　専門職の価値とは，「何を目指しているのか」「何を大切にするのか」という専門職の羅針盤であり，専門職の倫理は，専門職の価値を実現する際の行動規範となるものです。専門職の倫理には，専門職として「するべきこと」と「してはならないこと」があり，専門職団体は多くの場合，それらを明文化した「倫理綱領」をもっています。

　福祉専門職である社会福祉士にも「倫理綱領」があり，社会福祉士として「守るべきこと」を明らかにしています。倫理綱領は「行動の指針」であり，実際の援助場面で取るべき行動を規定したマニュアルではありません。

　社会福祉士の倫理綱領には，①利用者に対する倫理責任，②実践現場に対する倫理責任，③社会に対する倫理責任，④専門職としての倫理責任が明記

されています。社会福祉士の倫理綱領（社団法人日本社会福祉士会，巻末資料参照）等を使用して，十分に事前学習を行った上で実習に臨みましょう。

　こうした倫理綱領は，講義や演習の中でも学んでいきますが，実習においても重要な課題となります。社会福祉の援助活動は，こうした専門職の倫理を尊重した実践です。実習では，実際の現場で専門職の倫理がどのように具現化され，援助活動につながっているのかを学びます。

　実習生は，実習指導者や実習担当教員からスーパービジョンを受けながら，実習中の利用者に対する自分の行動を専門職の倫理に照らし合わせて考え，自分の責任として身に付けていくことが求められています。

3　実習先について調べる

　実習先について学ぶ内容は，大きく分けて2種類あります。第1は，実習先の種別の概要（歴史，社会的意義，法制度，現状，必要とされる知識・技術等）です。その上で，第2は，それぞれが配属される個別の実習先の概要について学ぶことです。前者は，文献や資料，厚生労働省の該当ホームページ，種別ごとのホームページ等で調べることができます。

　後者の個別の実習先の概要は，当該施設のホームページや先輩たちの実習報告書でも学べますが，実感を持って学ぶためには，オリエンテーションや体験実習を行うことが求められます。それらができない場合においても，事前に現地まで足を運ぶことによる学びはとても大切なことです。

(1) 実習先について学ぶ

　実習先種別及び実際に配属される実習先については，少なくとも以下に掲げる事項に関する事前学習が必要になります。

　　① 社会福祉法において，第1種社会福祉事業，第2種社会福祉事業の

第3章　実習の前に考えること・学ぶこと

表3-1　実習機関・施設に対する事前学習項目の例

Ⅰ　児童相談所
　1．設置義務を負うのは？
　2．設置基準は？
　3．主な専門職は？　社会福祉士対応専門職は？
　4．相談の内容と割合は？
　5．最近の相談傾向は？
　6．相談の流れは？
　7．施設入所の手続きは？
　8．一時保護所の設備及び運営の基準並びに生活は？
　9．相談・通告の受付・調査・社会診断などの留意事項は？
　10．親が入所に反対したら？
　11．最近の法改正の動向は？
　12．必要とされるソーシャルワーク技術は？

Ⅱ　児童養護施設
　1．設置認可主体は？
　2．児童養護施設の設備及び運営の基準は？
　3．児童養護施設運営指針の内容は？養護の原理は？
　4．主な専門職は？社会福祉士対応専門職は？家庭支援専門相談員の業務は？
　5．入所児童の特徴と推移は？
　6．学校教育は？
　7．苦情解決の仕組みは？
　8．権利擁護（体罰等への対応）の仕組みは？
　9．児童養護施設における子どもの生活の質の向上のために最近進められていることは？
　10．児童養護施設を巡る最近の動向は？
　11．最近の法改正は？施設長の親権は？未成年後見は？
　12．自己評価，第三者評価は？
　13．必要とされるケアワーク，ソーシャルワーク技術は？

出所：柏女霊峰作成。

いずれに位置づけられているか。

② 　どの法律の第何条に規定されているか。

③ 　規定している根拠法律の理念や主旨はどのようなものか。法律の具体的条文等を抜き出しつつ整理する。

④ 　同じ法律に規定されている機関・施設には，どのようなものがあり，それぞれがどのように異なっているか。

⑤ 規模，設備，職員等の基準はどのような法令，通知に基づいてどのように決められているか。それらが明記されている法令や通知から該当部分を抜き出して整理する。
⑥ サービスの対象となる者の具体的要件や利用要件，利用の実情についてまとめる。
⑦ 入所，サービスの決定は，どこがどのように行うか整理する。
⑧ 利用者の実態や最近の動向について，白書や各種統計，事例報告等により整理する。
⑨ 利用者の権利保障の理念，仕組みについて整理する。
⑩ 課題，さらには，周辺領域の現状と課題について学習する。

なお，実習先の種別について学習する際には，上記項目をそれぞれの実習先種別の目的・機能に沿うように具体的な課題を設定すると調べやすくなります。例えば，子ども家庭福祉分野においては，上記項目を踏まえ，児童相談所，児童養護施設について，具体的に，例えば表3-1の項目について調べ，事前レポートを作成すること等が有意義でしょう。作成されたレポートは班別に報告し合って知識の確認を行い，最終的に実習担当教員が確認した上で各自が実習先に持参するようにします。

（2）個別の実習先の概要

次に，個々の学生の実習先についての学習を進めます。学習内容は，例えば以下の事項が挙げられます。

① 正式名称
② 設置・運営主体
③ 創立年月日と規模，定員等
④ 沿　革

⑤ 組　織
⑥ 関連する主な社会資源とそれらとの関係（例えば，エコマップを活用します。）
⑦ サービスの内容，日々の生活の流れ
⑧ 利用者の状況と近年の動向
⑨ 職員，特に社会福祉士の配置や名称，業務内容等
⑩ 地域活動その他当該施設に特徴的なサービス等

　なお，これら具体的な実習先の概要について把握するためには，事前訪問や実習先が実施する実習オリエンテーションの機会をとらえ，パンフレットや事業概要等必要な資料の収集と，基本的事項のヒアリングが必要とされます。こうした機会が得られない場合に備え，大学に各実習機関・施設のパンフレット，事業概要等をあらかじめ整備しておくことも求められます（例えば，巡回訪問指導時に収集しておくことも必要）。ちなみに，表3-2（次頁）は，著者の勤務する大学における実習記録に収められているまとめ様式です。

　なお，実習先によっては，事前レポートの提出が求められたり，事前オリエンテーションが行われたりすることがあります。また，必要な健康診断など確認すべきこともあり，これら諸連絡の確認については，実習記録にすべて綴じ込んでおけるようにすると便利です。ちなみに，著者の勤務する大学においては，表3-3（79頁）の様式を実習記録に綴じ込んでいます。

（3）事前訪問・実習オリエンテーション

　これらの学習と平行して，通常，実習先への事前訪問が行われます。また，実習先からオリエンテーションに出席を求められる場合もあります。

1）事前訪問・実習オリエンテーションの意義

　事前訪問は，実習生が実習先を直接訪れ，実習担当職員と会い，また，施設を見学し，実習に必要な事項について打ち合わせる機会です。また，実習

表 3-2 実習機関・団体・施設の概要

施設・機関名		種　　別	
設置・運営主体		施設長名	
所　在　地			
施設の沿革			
事業内容		利用者の状況	定員等：
建物や設備	敷　地　　　　m² 建　物　　　　m² 木造・ブロック・鉄筋・煉瓦 その他（　　　　　　） （　　　　　）階建	施設の組織	職員構成・職員数や役割について
周辺地域の環境			
施設の方針・特徴			

出所：淑徳大学実習教育センター『淑徳大学ソーシャルワーク実習　実習記録』2012年。

表3-3 実習施設との連絡, オリエンテーション等の経過

① 実習前における実習先とのミーテイング（打ち合わせ）や連絡経過の内容について。
（文書や電話による連絡を含む）

月・日	曜日	内容

② 実習先からのレポート課題について。

月・日	曜日	内容

実習先からレポート課題を与えられた場合は, コピーを一部実習ノートの中にとじておくこと。

出所：表3-2と同じ。

先から, 実習全体の流れについてのオリエンテーションが行われることも多くあります。したがって, 実習生にとっては, 実習先の具体的イメージを作り上げるのに大きな効果をもつ機会となります。

また, 事前訪問やオリエンテーションの機会は実習担当職員と実習生とが初めて出会う機会であり, その後の実習を規定する重要な機会でもあります。お互いに顔なじみとなることにより, 実習当日の緊張を和らげる機会ともなります。

実習先によってはオリエンテーションが実施されず, また, 事前訪問も原則として対応できないところもあります。その場合でも, 実習先まで必ず事前に訪問してみることが必要です。事前訪問の意義は, 実習担当職員に会っ

たり，施設見学をしたりするだけではありません。自宅から実習先の交通機関と所要時間，電車やバス等の時間の間隔，始発や終電の時間等の確認を行い，また，実習先での昼食の購入先その他地理的状況の確認を行う機会として，一度は現地まで訪問して確認しておくことが必要です。

なお，実習オリエンテーションについては，各養成校の授業を通じても実施されます。この場合は，実習の諸手続きや具体的留意事項，その他事務的事項に関する事項が中心となることが多いでしょう。

2）事前訪問・実習オリエンテーションで確認すること

事前訪問で実習指導者と面会できたり，また，実習先でオリエンテーションが開催されたりする場合には，実習先の概要説明，利用者に対する基本的態度に関する留意事項，実習中の日課と勤務体制に関する事項の説明及び実習中の生活に関する注意等が行われ，施設見学が行われます。実習生はそれらの説明，注意をメモするとともに真摯に受け止めます。また，必ず以下の点について確認を行います。

① 実習開始日，期間，休日，服装，必要な用具その他持参すべきもの
② 実習初日，いつ，どこに，誰を訪ねるのか
③ 実習の形式（宿泊型，通勤型）
④ 実習のスケジュール
⑤ 食費，その他諸費用
⑥ 実習までに準備すべきこと（健康診断を含む。），学習課題等

なお，オリエンテーションでは，実習先から，実習までに行っておくべき学習課題が提示される場合があります。通常は，養成校における事前学習で学んだことを応用した課題ですが，実習先によっては，自分自身に関すること（例えば，「自分を語る」など。）や実習課題に関すること，また，実習先に関連する文献を１～２冊読んでの感想を求められることもあります。

さらに，事前学習で仮に作成していた実習計画を持参するよう指示される場合もありますが，反対に，事前訪問で実習のスケジュールが説明された後，実習計画の作成を求められることもあります。いずれの場合も，実習計画は，事前訪問やオリエンテーションを経て確実なものにしていくことが必要となります。なお，事前の健康診断の有無やその内容についても確認が必要です。

3）事前訪問・実習オリエンテーションに当たっての注意事項

　実習は，社会人としての仕事の場に参加することであり，利用者の生活の場に参加することでもあります。最も必要とされるのは，第2節で述べられているように，礼儀やルール，一般常識などいわば一人前の社会人に当然のこととして求められる事項です。電話のかけ方，挨拶の仕方，敬語の使い方その他の言葉遣い，TPOを心がけた服装等のほか，時間に遅れない，約束を守る，報告・連絡を怠らないといった社会的ルールやマナー，その他社会人としての一般常識を知らなかったために注意を受ける者はたくさんいます。事前訪問やオリエンテーションの機会は，そんな一般常識を試される機会となることを忘れるわけにはいかないでしょう。

　事前学習で実習先の特性は確認していたとしても，実際の実習先の運営は，所在する地域の特性や運営する組織によって少しずつ異なります。文献や資料を通じて学んだ配属先について実際に訪問して確認することは，自分のイメージや印象を一つひとつ確認する機会として重要です。また，実習期間中，出勤時間に遅れたり，行くべき場所がわからないといったことがないように，必要事項を確認してメモしておきます。事前訪問の際には，最低限，以下のことについて確認しておくことが必要とされます。また，メモ帳，筆記用具

等は必ず持参します。

① 実習先までの交通手段

多少の交通機関の遅れがあっても遅刻しないよう，余裕をもった時間設定をしましょう。事故等に備えて，代替の交通手段も考えておきましょう。

② 実習先の建物の構造や配置

事前学習で入手した資料を見ながら，実習先の建物の位置や構造を確認しておきましょう。特に，集合場所や控室の位置，何かあったときに指示を仰ぐ実習指導者がいる事務所の場所等は必ず確認しておきましょう。

③ 実習中の身支度

服装や履物をはじめ，実習期間中に必要な用具等，日常の業務はもちろん，期間中のスケジュールにある行事のとき等に，特に用意するものがないか確認しておきましょう。実習内容によっては，短パンや水着，あるいはエプロン等が必要になります。また，各々に名札を付ける必要性がないか，あわせて確認しておきましょう。

④ 実習中の食事

実習中の食事は，実習先の指示により，持参・購入，あるいは実習先の食事等さまざまです。支払い方法も含めて確認しておくことが必要です。

⑤ 体調管理

誰でも病気やケガ等をしたり，体調が不良な時があります。そのような場合，率直に実習指導者に相談しましょう。体調不良を押して実習しても良い実習はできないばかりか，利用者や支援者にも迷惑となります。アレルギー等の持病については，事前に告げておくことが求められます。服薬の習慣等も，原則として，事前に報告しておきましょう。実習生にとって必要な薬が，利用児・者には誤飲の事故につながることもあるからです。

(4) 見学実習・体験実習等

見学実習は，各養成校の実習教育課程の中で，さまざまな役割を果たしま

す。初期に位置づけられる場合は，視聴覚教材を補完し，法令指定機関・団体・施設業務の理解を促進する一環として，中期の場合は，実習先の概要を理解するための一助として，後期の場合は，実習先そのものの雰囲気に慣れたり，場合によって，実習計画作成の参考にしたりすることを目的として実施されます。後期の場合は，体験実習の一環として実施されることもあります。

　見学実習は，通常，機関・団体・施設実習指導者による説明と見学，それに質疑応答などによって構成されます。場合によって，短時間の体験実習や利用者との交流が組み込まれることもあります。見学実習を有意義なものとするためには，事前の学習が欠かせません。特に，見学機関・団体・施設の基本的事項に関する事前学習及び事後学習が必要となります。

　体験実習は，例えば実際の介護サービスの理解や各種サービスの利用体験を，現場において行ってみることに意味があります。実習前に業務を体験してみることによって，実習までに何を習得すべきかが確認できるし，実習計画もより明確なものとすることができます。施設の場合は，各種の行事のときに，ボランティアを兼ねて体験実習ができることが多くあります。実習先の事情にもよりますが，事前学習としてはぜひ行いたい学習です。

(5) 実習の流れと業務のイメージをつかむ

1) 実習の時期

　実習の全体的な流れをつかんでおくことも重要です。相談援助実習としての実習に求められる時間数は180時間以上であり，1日8時間の実習を行うとすると，23日間以上となります。これに休日を加えると，ほぼ4週間となります。この180時間の実習をカリキュラム上どのように位置づけるかは，各養成校の考え方によります。3年次に，1つの実習先で180時間の集中実習を実施するところもあれば，著者の大学のように1年次に約1週間を配置し，3年次に120時間以上の実習を配置しているところもあります。

表3-4　体験実習レポート

学生証番号				名　　前		
実　習　先				種　　別		
実 習 期 間	月　日〜	月　日				
	月　日〜	月　日	実 施 日	月　　　日		

（事後レポート）（各クラス共通テーマ）

　体験実習を実施した後，以下の点についてまとめなさい。

1．体験実習で学んだこと，体験したこと（2〜3点）
2．施設の状況，及び利用者や施設職員に接してみて感じたこと，考えたこと
3．自分の本実習（配属実習）に向けての実習の計画や課題で参考になったこと
4．まとめ

出所：表3-2を同じ。

180時間の集中実習は，より深い内容の実習ができますが1カ所のみの実習にとどまりがちであり，一方，分散実習は，実習内容は集中実習に比較して浅くなることは否めませんが，例えば，児童相談所と児童養護施設とを組み合わせることで，社会福祉士の業務について機関・施設にまたがって学ぶことができる等，メリットも多いと思います。いずれの方法もメリット，デメリットがあり，どのような方法をとるかは，各養成校の社会福祉士養成に対する考え方によるといえます。

2）実習の流れをつかむ

実習の流れをつかみ，自らの実習の全体像をイメージできることは，実習に臨む姿勢を確立するのみならず，実習計画を作成する上でも重要です。実習の流れをつかむ方法としては，前述した見学実習や体験実習，事前訪問・実習オリエンテーションなどのほか，視聴覚教材を用いての学習も有効です。現在は，社会福祉士の業務に関するビデオや代表的な施設種別について実習の流れや留意事項等を折り込んだビデオなども作成されており，有効に活用しましょう。

また，実習モデルを用いての学習も有効です。実習モデルを実習先と養成校とが協力して作成して学生に提示することで，実習イメージの深化と計画作成に資することができます。

（6）実習先における相談援助技術を学ぶ

次に，実習先において活用される相談援助技術に関する学習と整理も必要となります。相談援助技術の実際については，主に相談援助演習において学習しますが，相談援助演習における学習は特定の機関・団体・施設を念頭に置いたものではないため，実習先確定後は，実習先において特に必要とされる技術的な事項についての学習や整理が求められます。また，実習先に特有の技術についても学習する必要があります。ここでは，例として，ロールプレイと事例研究，エピソード記録，個別援助計画について取り上げたいと思

います。

1）ロールプレイを通じた学び

　ロールプレイ（role play）は役割演技法ともいい，相談援助技術を獲得するために欠くことのできない学習法です。例えば，障害者支援施設での実習の場合には2人ペアになっての車椅子体験とその介助体験が有効でしょうし，特別養護老人ホームでの実習の場合には，介護される側とする側の両方を体験し，お互いに話し合うこと等も有効でしょう。

　しかし，社会福祉士としての実習において最も必要とされるのは，面接に関するロールプレイです。まず，2人一組となって援助者と利用者の役割を決めます。利用者役の人は，なるべく自身の軽い問題ないしは特定の問題状況を設定して援助者役の人に相談を持ちかけ，30分程度面接を進めます。その後，それぞれが面接振り返り票に記入を行い，この間の自身の感情の動きについて再確認します。その後，両者で話し合いを行い，利用者の感情の動きと援助者の態度，対応について確認作業を進めます。

　自身が利用者となることで，利用者の感情の流れを理解し，また，援助者はフィードバックされることで自身の態度，対応を確認することができます。また，自己理解，自己覚知にも資する体験となります。この後，援助者役のグループと利用者役のグループを作り，ディスカッションを通じてそれぞれのグループ内で体験の共有化を図り，発表し合うとなお良い体験となるでしょう。なお，時間があれば，役割の交代も行います。

2）事例研究を通じた学び

　実習先における事例検討も重要です。例えば，児童養護施設で実習する場合，児童養護施設における援助事例を事例集，実践報告集等から選定し，検討課題を設定した上で，自らが施設の援助者になったつもりで事例研究を行います。グループでディスカッションを行い，グループ内でできるだけ統一した援助方針を出すことができれば，グループワーク体験としても有効です。

　例えば，施設から無断外出した事例の対応について検討する場合，記述さ

れた記録から児童が無断外出をするに至ったサインを発見し，その行動の意味を探ります。行動の意味を理解することが，次のステップにつながるのです。それは，無断外出という行動のみをみていては理解できないことです。援助の方針はそこから生まれるのです。

　また，相談援助技術を習得するための事例研究は，そこから普遍的事実を導き出すことを目的としているわけではありません。利用者のよりよい援助を目的としています。援助を目的とした事例研究を行うためには，自己を事例に関与させつつ検討する姿勢が求められます。「もし私が援助者だったとしたら，この子どものこの行動に出会ってどんな気持ちになるだろうか」「もし私がこの子どもだったとしたら，無断外出中，どこに行くだろうか」といった姿勢で事例を読むことが求められます。自己を関与させ，共感的理解を図りつつ事例研究を行いたいものです。

　なお，事例は生の人間関係の記録であるだけに，事例研究を行うことによって，自己の対人関係のもち方や自己の未解決な課題に気づかされることもあります。自らの対人関係のもち方を一定程度了解しておくことは援助者としては非常に重要なことですが，場合によって，実習担当教員その他のスーパービジョンを必要とする場合もあります。ロールプレイも同様であり，スーパーバイザーの存在など一定の条件下で行われることが望まれます。

3）エピソード記録を通じた学び

　実習中に学生たちが遭遇する利用者との出会いは，学生たちに大きな影響を与えます。著者は，実習先の実習指導者と協議を積み重ね，個々の学生に実習中のエピソード記録並びに特定児童のための個別援助計画を作成し，職員の方々にコメントを頂戴する方法を取り入れてきました。そして，後期の実習指導において，それをもとに事後学習の機会としてきました。

　実習中には，思いがけないことが次々と起こります。学生たちはそのたびごとに戸惑い，試行錯誤を繰り返すこととなります。そして，その対応が正しかったのか悩み，場合によって，自分自身を責めたり，独善的に正しかっ

表3-5　エピソード記録例

no. 1

月　日	時　間	出来事	一時保護所の実習で幼児（就学前の子）さんと一緒に遊んでいた時のことである。
○月○日	PM4:30		

エピソードの状況（入所状況や家族，兄弟の状況他を含む）
この記録に出てくるY（4歳）くんは，被虐待児として兄のY（6歳）くんと弟のS（2歳）くんの3人兄弟で保護された児童である。この記録はスベリ台の上をどちらが使うかという兄弟ケンカから始まったものである。長男Y（6歳）くんから，次男Y（4歳）くんがほぼ無理矢理場所を取り，そのことで私（実習生）が注意をすると，次男が上からものを落とした所からはじめたいと思う。

人　物	私（実習生）→実，次男Y（4歳）→Y，職員→職

実：「自分で落としたんだからYくんが自分で取りに来てください。」
Y：「何だよ！」（注意を受けた後だったから，Yくんはブスッとした顔で取りに来た。）
実：「はい，どうぞ」（Yくんが力いっぱい私の手の中からおもちゃを取ったため，指をひっかかれた状態になった）
実：「Yくん，今みたいな取り方だと先生（私のこと）痛いな，謝ってくれますか。」
Y：「やだ！怒んないでよ！」
実：「うん。先生怒っているんじゃなくて，痛かったから謝ってほしいんだ。」（Yくんは急に泣き出し，顔を床にふせてしまう）
実：「Yくん，ちゃんと先生の目を見て話しましょう。」
職：「もし，このまま続けるのなら，外で2人きりで話してみてもいいですよ。私達もこういう時はみんなから離れて話し合うんです。ここだと他の子がいて，固くなっちゃいますから。やってみます？」
実：「はい，ぜひやらせてください。」
職：「わかりました。もし無理だったら呼んでくださいね。」
　　（Yくんをだっこして少し離れた場所に行く）
実：「Yくん，ちゃんっと私の目を見てくれる？（Yくんが目を見るのを待つ）私はYくんがさっきおもちゃを取ったときに指をひっかかれてすごく痛かったんだ。だからそのことを謝ってほしいの。」
Y：「（少ししてから）ごめん！」
実：「もう少し優しく言えないかな？ごめんなさいって。」
Y：「ごめんなさい。」
実：「はい。Yくんよく言えたね。Yくん，私もYくんに謝らなくちゃいけないことがあります。私はYくんのこと怒ったつもりではなかったけど，Yくんには私の声が変わって怒ったと思ったんだよね？ごめんなさい。」
　　（話が終わったと思ったとYくんが戻ろうとしたので，私はYくんを引き止めた。するとYくんは泣き出してしまった。）
実：「Yくん，これからはごめんなさいって自分から言えるようにがんばろうね。」
Y：「戻りたい！」

(もう何を言っても聞こうとしないため，私はYをだっこすることにした)
(私はYくんが泣きやむまでだっこし続けた)
実：「Yくんはもうごめんなさいって言えるよね。これからもごめんなさいって言えるよね。」
(Yくんがうなずくのを感じる)
実：「じゃあ戻ろうか。」

考　察
正直このやり取りをしている時は頭の中が真っ白でした。そのため，今ふり返ると，なぜあそこまで謝らせようとしたのだろうと思いました。また，Yも私の話をちゃんと聞いていたとはあまり思えません。それでもこの後彼が私に甘えてくるようになった気がします。この日の終了時間になりYに今日はバイバイだよと言うと，今までは言ってこなかったのに「もう帰っちゃうの？」と言ってくれたり，私の姿が見えなくなるまで手を振ってくれたところにそう感じました。 　やはり，このような体験は初めてであったため，どうしたら良いのかがまったく分からず，彼が泣き出した時は私自身がパニックになってしまい，おもわずだっこしてしまいました。だっこをしながら彼が泣き止み，力がぬけるのを感じ私も安心することができました。ずしっとくる重さが，彼がまだ幼い子どもである事を教えてくれ，私は彼の姉になった気持ちになってしまいました。私の関わり方は自分ではだめであったと深く反省しています。もっと良い方法があるのではないか，それ以前に彼に謝らせる事に意味はあったのか，後で後悔する記録となってしまいました。

実習指導者のコメント
抱っこをした子どもの力が抜けていくときの感じはどんな感じがしましたか？単なる安心感だけではなく，多くのことを含んでいたのではないでしょうか。「謝らせることに意味はあったのか，後で後悔する記録となってしまいました。」とありますが，正直な私の感じとしては，今回のこの場合はあまり意味がないように感じました。しかし，それ以前のプロセスはとても豊かなものを含んでいると思います。頭の中が真っ白になったほど頑張ってその場に在り続けたことは，子どもにとって大切なことだったと思います。だからこそA（実習生の名前）さんに甘えを出せるようになったのだと思います。大人だからこそ素朴に素直に自分らしさを大切に関わることも大切だと私は感じています。ただし，その分，傷つくことも増えるので，ゆとりを持ったり，職場以外に逃げ場を持ったり，自分を大切にすることも大事です。

出所：学生の了解を得て実習記録から抜粋，一部著者修正。

たと思いこもうとしたりします。そこで，実習中にそのような場面があったときに，その時の様子をエピソード記録として作成し，できる限り実習指導者のコメントを頂戴することとしています。エピソードは，子ども同士や実習生とのやり取りを逐語記録として実習記録に作成します。そして，それを実習指導者に読んでもらい，学生の気づきを促すコメントをしていただきま

表 3-6　個別援助計画の様式

児童名　　　年齢　　　学年　　　お部屋
1．私からみた○○くん
2．職員の方から聞いた○○くん
3．これまでの○○くんとの関わり
4．これからの○○くんとの関わり（箇条書きで3つ程度）
(1)
(2)
(3)
5．4.の根拠
(1)
(2)
(3)
6．実習担当職員の方のコメント
7．考　察

出所：柏女霊峰作成。

す。事前学習では，先輩学生と施設の協働作業で作成されたエピソード記録を読み合いながら，利用者や学生，援助者の気持ちに近づく経験をしていきます。様式並びに作成例は，表3-5の通りです。

4）個別援助計画を通じた学び

　施設実習においては，配属実習中，例えば児童養護施設においては，学生がかかわりをもった特定の子どもに対して個別援助計画を作成する経験を積んでもらっています。施設が作成している「自立支援計画」は，子どもの家族背景や生活の全体を把握することのできない学生たちには作成が困難です。したがって，ここでは，実習先のホームや寮の特定児童とのかかわりの中で感じ取った子どもの様子，職員からうかがい知ることのできた事実等から子どものアセスメントを行い，その結果に基づいて支援についてのプランニングと，それを意識した直接的かかわり（支援の実施）をしてもらうこととしています。プランニングは，定められた様式に従って支援計画（これを「個別援助計画」と称しています）として作成します。

　このような体験により，実習生は，アセスメント，プランニング，支援の

実施，モニタリングといった一連の相談援助プロセスを経験することができ，社会福祉士としてのアイデンティティを獲得することにつながっていきます。これらも実習先の実習指導者と打合せが必要であり，この個別援助計画を事前学習で学び，作成方法等についても学習していくこととなります。個別援助計画作成の様式例は，表3-6のとおりです。

このような事前学習を通して，実習先について理解を深めるとともに，次節で述べる実習課題の設定へとつなげていくことが求められます。

4　実習を有意義に過ごすために
――実習手続きや実習課題の設定・記録の書き方――

スムーズに実習に入り，実習を有意義なものとするために，実習までに行っておく事務手続きや，実習前に立てておく実習計画と課題の設定，実習が始まってから戸惑わないための実習記録の書き方について，以下に述べていきます。

（1）実習までの事務的手続き
1）実習の手続きを学び守る意義

相談援助実習を行うためには，その手続きや準備のため，事前に実習先等にいろいろな書類を提出する必要があります。それらの書類は，スムーズに実習に入り，実習を円滑に行うために必要なものであり，実習を有意義なものとするための前提となるものです。

実習中は，社会人として基本的マナーやルールが身に付いていることが求められますが，実習開始前に，最低限これらの事務手続きを一つひとつきちんと作成し，期限を守って提出できることが期待されます。実習では，初日から，社会人として現場で期待されるレベルのことをこなさなければなりません。すでに実習が始まっているつもりで，準備を進めていきましょう。

2）実習関係書類の作成

実習関係書類は，実習先との契約に関するものであったり，社会福祉士の国家試験を受験する際に，確かに実習を行ったことを証明する大事な証明書となったりするものです。

書類は丁寧に記入し，折り曲げたり，汚したりしないように注意しましょう。修正液・修正テープは通常使用しませんので，下書きをしてから清書するようにしましょう。誤字・脱字等の誤りのないよう，特に人の名前等は事前に確認し，正確に記入します。各自，実習先から各校に送られている受け入れ回答書等に記載された，実習先の電話番号や実習指導者の名前など，情報や連絡事項は確認しておきましょう。記入にあたり，不明な点は必ず実習指導担当教員や実習センター等に質問し確認します。また，各書類は，必ず決められた期日までに提出をしましょう。

以下は，主な書類の種類ですが書式は各校によります。また，実習先に応じて必要な書類も異なります。

① 実習生紹介票（写真貼付）

実習先に提出する実習生の履歴書にあたるものです。写真が不適切な場合は，撮り直しを指示される場合もありますので注意しましょう。

提出後，現住所・電話番号等を変更した場合は，速やかに実習指導教員や実習センター等に報告しましょう。

② 実習生出勤票

実習中の出勤簿です。実習中は毎日必ず押印しましょう。夜勤の場合は，2日に渡り実習したことになりますので，2日分押印します。

この出勤票に基づいて実習時間や日数が算定され，社会福祉士の国家試験を受験する際の，180時間（23日間）以上実習したことを証明する「証明書」となり，社会福祉振興・試験センターに提出されます。

実習先によっては，途中で日程が変更される場合もありますので，各自，しっかり確認をしてください。180時間に足りない場合は，実習指導担当教

第3章 実習の前に考えること・学ぶこと

員や実習センター等に相談し，指示をもらいましょう。

③ 実習評価票

実習先による実習の評価が記載されるものです。実習終了後，実習担当者が記入し，返送されます。これをもとに事後指導でふりかえりを行います。

④ 実習誓約書

実習を行うための実習先への誓約書です。実習中，基本的に守らなければならない事項となりますので，よく内容を確認しましょう。

⑤ 健康診断書

実習年に実施される健康診断は，必ず受診しましょう。実習先によっては，3カ月以内の健康診断書の提出を求める場合や検査項目が指定されている場合があります。その場合は，各自，健康診断を受けることになります。何カ月前の受診結果が必要か，どんな検査項目が必要か等，必ず実習先に詳細を確認の上，必要な健康診断書を用意するようにします。

⑥ 細菌検査証明書

ほとんどの実習先から，実習に先立ち細菌検査実施の要請があります。検査項目については，実習先の指示に従います。

細菌検査は，即日結果が出ません。検査機関によって，検査に要する日数に多少差があります（4日から1週間）。検査機関によっては，決められた日にしか検査を受け付けないというところもあります。事前に検査日や検査に要する日数を確かめ，実習先から指定された提出日に間に合うよう，各自準備をしましょう。

実習開始日に検査結果の提出ができないと，実習を受け入れられない場合もあります。このように細菌検査が重視されるのは，実習生が実習に入る際，感染症に罹患していないことを明らかにするためであり，実習生が感染源にならないためです。

細菌検査の結果が陽性の場合は，医師に相談の上，処方された抗生物質等を服用し，完治してからでないと実習には臨めません。その年度内に実習が

できるかどうかは，その状況によります。

⑦　麻疹抗体価検査結果書

過去に麻疹のワクチンを接種しても，必ずしも抗体ができるとはかぎりません。そのため，麻疹の抗体価(はしか)検査を行い，抗体価が基準値を満たしているかどうか，結果書を確認します。基準値を満たしていない場合は，麻疹のワクチンを接種する必要があります。

⑧　実習生登録票（写真貼付）

実習指導担当教員や実習センター等から学生に連絡を行う場合に使います。正確に記入されていないと連絡がとれず，大事なことを伝えることができなくなります。提出後，現住所・電話番号等を変更した場合は，速やかに実習指導担当教員や実習センター等に報告しましょう。

⑨　巡回指導用資料

実習指導担当教員が，実習期間中に巡回訪問指導をする際の資料となるものです。この資料をもとに実習先を訪問しますので，必要事項を正確に記入します。特に，地図については，目標物などを記入し，わかりやすく書きます。所要時間や交通機関も詳しく記入することが必要です。

3）実習費の納入

実習を行うには，規定の実習費を納入しなければなりません。期日までに遅れないよう納入しましょう。実習費は，実習先への謝礼や，その他実習指導にかかる教材・資料等の費用になります。実習中の食事や宿泊等，実習先によっては実費がかかることがあり，別途個人負担となります。また，納入された実習費は，通常，その後実習中止となったり，辞退したりしても返還されません。

4）実習中の通勤

実習中は，勤務開始前の準備もありますので，少し早めに行くようにしましょう。「通学定期乗車券」の利用区間外に実習先がある場合，まずは，「実習用通学定期乗車券」の方が良いか，回数券を利用した方が安価なのかを比

較します。定期券の場合，最低1カ月分からの購入になります。実習のための定期券の申請は，各公共機関からの承認が必要となり，手続きに約1カ月かかります。早めに申請方法を学生サポートセンター等各校窓口で確認しましょう。

5）保　険

実習中にはおもわぬ事故が起こる可能性があります。各校とも入学時あるいは実習前に，学生傷害保険に加入していると思います。学生サポートセンター等の窓口で確認をしておきましょう。事故が起きた場合は，直ちに実習指導担当教員や実習センター等に連絡をしてください。

6）実習先への挨拶（電話）

実習年の初めの時期に，今年度実習でお世話になることを実習先に電話をで伝え，ご挨拶をしておきましょう。その際，先方も年度始めで実習担当者や施設長が異動で代わっていたりしますので，確認をし事前訪問やオリエンテーションのスケジュールなども確認しておきましょう。

実習先の業務時間・スケジュールに配慮して電話をかけます。複数の学生が同一の実習先に行く場合は，代表者が連絡をするとよいでしょう。まずは実習生から名乗り，実習の事前訪問（オリエンテーション・体験実習）の連絡であることを伝え，実習指導者を電話口に呼んでいただきます。以下は，通話の例です。

例：3-1

「今年度，社会福祉士の実習でお世話になります○○大学○年の○○と申します。お世話になります。事前訪問（オリエンテーション・体験実習）について確認をさせていただきたいのですが，実習担当の○○さんをお願いできますか」

実習担当者が電話に出たら，改めて名乗り「よろしくお願いいたします」とご挨拶しましょう。事前訪問については，また時期が近くなってから電話をするこ

とになるかもしれませんが，その時点で話をされるかもしれません。いつ，どこに，誰を訪ねていくのか，持参するものなど，必要なことをメモできるように準備しておきましょう。

　実習指導者が，仕事の都合で電話に出られない場合は，次にいつ電話をかければよいか教えていただき，再度その時間に電話をします。

―― 例：3-2 ――
　「また，こちらからお電話したいと思いますが，いつおかけしたらご都合がよろしいでしょうか」

（2）実習計画の作成

1）実習計画書とは

　実習では，実習先の業務そのものを習得するのではなく，業務を見せていただき，実際にやってみることを通して，自分自身の実習目標や達成課題に沿って学ぶことが求められます。そのため，実習で何を学びたいのか，どのような方法で学ぶかということを，実習計画書で具体的にしておく必要があります。実習計画書は，実習の目的や意義，自分の関心や問題意識，実習に臨む姿勢等に照らし，実習で学びたいこと（目標と達成課題）と学ぶための方法を具体的にしたものです。

　初めての現場は，実習生にとって何もかも新鮮である一方，日々受け取る情報量も膨大で，インパクトが大きく圧倒されるかもしれません。しかし，しっかりと実習計画を立てておくことで，実習中も「何を学ぶために来ているのか」「どのような方法で学べばよいのか」等，実習生としての自分のあり方や，学びの方向を見失うことなく取り組むことができるのです。

　また，実習の限られた時間の中で，あるいは実習先の事情等により，実習で学べることは制約されます。しかし，実習計画書を作成し，自分の実習目標や達成課題，学習方法を具体的に先方に伝えておくことで，事前に実習プログラムと自分の実習イメージのズレを修正したり，可能な範囲で目的に沿

った指導やスーパーバイズを受けることもできるでしょう。

2）実習計画書の内容と作成の流れ

実習計画書は各養成校によって書式は異なりますが、実習計画には実習の「目標」、目標達成に向けた「具体的課題」、課題達成のための「具体的方法」、場合によっては「事前学習の内容」等が含まれます。

著者の勤務する大学では、以下の項目で構成されています。

① 実習の目標
　この実習で学びたいこと、この実習先／実習分野を選んだ理由、将来に向けての希望等を記入する。
② 目標達成に向けた具体的課題
　実習の目標で書いたことを具体的なかたちで、どんなことに焦点を当てて学びたいのかを箇条書きで記入する。
③ 課題達成のための具体的方法
　達成課題をスケジュールで分け（例：1週間毎に4週で分ける）、それぞれ具体的な学び方や考察の理由等を加え、整理する。
④ 実習担当者からの指摘及び指導内容
　実習担当者から、その日の実習内容及び記録について、指摘や助言等のコメントが記入される。

実習計画案を立てたら、実習指導担当教員と一緒にその内容について確認をします。スムーズに実習へ移行できるよう、事前学習の一環として事前訪問等が行われますが、その際に機会があれば、実習指導者に実習計画書を見せ検討していただきましょう。実習指導者に、志望動機や事前学習、実習計画書の内容を伝えてもよいでしょう。達成課題によっては、時間をかけて職員の協力を得て機会を用意してもらわないと、実習に組み込めないものもあります。

実習テーマや目的が妥当かどうか，課題達成の方法が実現可能かどうか，実習プログラムとすり合わせをし，その上で助言がもらえたり，実習開始までに行ってくる課題が与えられたりします。場合によっては，実習計画の見直しが求められることもあります。

　いったん実習計画はお渡しして，その場では検討していただけない場合もありますので，事前にコピーをとっておくとよいでしょう。また，実習計画書を実習関係書類に同封し，実習先に送付する場合もあります。

　実習計画書を，事前に検討していただけるかどうかは，実習先にもよります。また，実習計画を実習先で予定している実習プログラムに反映してもらえるかどうかについても，実習先の意向に配慮し柔軟に対応する必要があります。実習開始までに，実習担当者と検討したことや事前訪問の際のお話，実習プログラム等をいただいたなら，それらをもとに最終的な準備を行いましょう。

3）実習計画書の作成

　実習先や利用児・者の特性や現状を踏まえ，学ぶべきことを具体的に表わした実習計画を作成するには，しっかりと事前学習を行うことが重要です（本章第3節参照）。

　「実際に現場に行ってみないとわからない」という学生がいますが，事前学習を軽視し，「現場に行ってみないとわからない」という考えで実習に臨むと，実習初日から職員のローテーションに組み込まれ動かなければならない場合もあり，何がわからないかもわからないまま実習が終わってしまうということになりかねません。そして，事前学習の重要性も痛感しないまま実習が終わってしまうと，実習の総括としての実習のまとめや実習報告書の内容も，非常に薄いものとなってしまいます。

　そもそも，皆さんは実習先を選ぶ際，実習で何を学びたいのかよく考えたでしょうか。安易に「家から近い」とか「あまり大変そうじゃない」という理由で選んでしまっていませんか。その時点からすでに実習準備は始まって

いたといえます。福祉の仕事や現場の実践の意味をどれだけ深く理解できるかは，事前学習の真価が問われる部分です。

　実習計画は，これまで大学で学んだ関連科目で得た知識をもとに，それぞれの実習先の利用児・者の特性を考慮し，いろいろな参考文献を参照しながら，実際に自分が取り組むことが可能な実習目標と達成課題を明確にしていきます。達成課題やその具体的方法は，どのような場面で，誰と，何を，どのように行うかを具体的に記述する必要があります。実習先の業務内容や1日の流れ，利用者の状況等，具体的な情報収集を行わないと書けません。

　そのため，実習計画を立てるにも事前学習をしっかり行っておくことが重要となるのです。それは，実習で何を目的にどのような課題に取り組むのかという，実現可能な枠組みを想定することにも繋がります。実習計画には事前学習の内容も盛り込むと，実習指導者に実習生の学習・準備状況をお知らせすることができ，実習中それを踏まえた指導やスーパーバイズを受けるのにも役立つでしょう。

　具体的に課題を立てていくために，実習先の資料や先輩たちの実習報告書等の，実践の記録を単なる情報として見るのではなく，自分の実習のイメージトレーニングをしながら準備をしていくとよいでしょう。それらの記録や資料を，これから始まる自分の実習にひきつけて読み込み，相互の関連や関係が見えてくるところまで理解します。他人の経験を追体験するように理解できれば，自分の実習イメージも見当をつけることができるでしょう。事前訪問をしてイメージや印象を確認しておくのも有効です。そして自分の言葉で表現し作成してみます。

　皆さんの事前学習の到達度によっては，実現困難な目標や達成課題もあります。取り組むことが可能かどうか，実習担当教員とよく相談しましょう。また，その取り組みの過程で利用児・者の人権を侵害するような，安易な取り組みとならないよう十分注意しましょう。

4）実習が始まったら

　このように事前に準備をして実習計画書を作成しておくことで，実習が始まってから「何のために実習をしているのか」「どうしてこの実習に来ているのか」「今日の実習で大事なことは何だったのか」など，戸惑うことも少なくなるでしょう。また，日誌で書くべきことや位置づけも見えてきます。しっかり実習計画書で課題を立てることは，記録を書くことにもつながっていきます。その記述の視点や一貫性は，日誌を読んだ実習指導者にも伝わり，実習生の学びたいことと実際の学びに即した的確な指導や助言が得やすくなるでしょう。

　実習中は，自分が立てた実習計画をもとに「どの程度学べているか」「どのくらい動けているか」を自分自身でふり返り，確認してみましょう。ただし，事前に実習計画書を提出してあっても，それに沿った実習が用意されているわけではありません。実習先には複数の実習生が実習をしている場合もありますし，実習指導者の多くが本来業務と別に実習指導の仕事を兼務しています。また，施設等では職員がローテーション勤務をしている場合があり，実習生と職員の出退勤のペースが合わないこともあります。

　そのため，自分から意図的に働きかけないと「達成課題に取り組めないまま実習が終わってしまった」「現場体験は一応したが，自分が目標としていた実習はできなかった」という結果になりかねません。実習が始まり，利用児・者の顔と名前を一通り覚え，実習先の業務の流れや職員構成がある程度理解できたら，自分から積極的に実習課題に取り組むチャンスについて，実習指導者に相談してみましょう。実習計画を「絵に描いた餅」に終わらせないよう，遠慮せずさまざまな職員の指導を仰ぎ，自分が意図する実習となるよう取り組んでいきましょう。

（3）実習記録の書き方
1）実習記録

　社会福祉の現場では，実践の記録を残すことで援助が問い直され，また利用者支援へとつなげられていきます。日々の記録は，実践やサービスの実際を確認するだけでなく，利用者が権利を守られているか，施設・機関の機能・役割が発揮されているか，その状況を事実として示すことにも役立てられます。福祉の仕事は，記録とは不可分な関係にあり，現場では，ケース記録，業務日誌，事業報告書をはじめとするさまざまな記録とともに，日々の業務が進められています。

　実習において実習記録を書くことも，現場における記録の意義と無関係ではありません。実習記録にもいくつかの役割や機能があります。日々の実習での学びを言語化し，学んだ専門知識・技術・価値と関連づけて学びを深め，実習指導者から助言を得て，また次の実習へとつなげます。その積み重ねから，実習中の自分自身の実践や実習生としてのあり方などをふり返り，少しずつ自分なりのものを組み立てていくことができます。また，実習記録は，実習が課題に沿って進められているかどうかの判断や，助言やスーパーバイズを受ける際の材料としても活用します。

　実習生にとって，慣れない現場でその日の実習を終え，それから実習記録を書かなければならないというのは，かなり辛いと思います。いざ実習記録に向かい，何をどう書いたらよいのかイメージが湧かず，最初は戸惑うかもしれません。慣れるまでは，帰宅後に実習記録を記入し，夜遅くなることもあるでしょう。

　しかし，記録は必ずその日のうちに書きましょう。実習先によっては，毎日きちんと実習記録をチェックし指導してくれるところもあれば，必ずしもそうでないところもあります。ただ，実習記録は，その場の助言や指導でどうにかなるものでもありません。事前学習や事前準備が十分でなければ，それが端的に表れてしまうものなのです。

2）実習記録の内容

　実習記録の書式は，表面にその日の実習課題，実習の概要を日課表の形で記入し，裏面に所感，考察としての気づき，課題への取り組み，今後の課題・目標に向けて等を記入し，実習指導者からの指摘や指導内容等コメント欄がある形が一般的なものでしょう。

　このように表面でその日の実習の概要がわかるようになっているのは，その日の実習が，どんなスケジュールで（日課），どこで（場所），誰とともに，どのように展開されたのかという実習のプロセス全体を，まずきちんと整理し確認することが大切だからです。裏面の所感，考察には，その日特に印象に残ったことや実践的手ごたえ，反省，新たな問題意識等を記入します。その内容が，どんな実習場面との関係で述べられているのか，表面の実習の概要を見て考察とのつながりがわかるように，書き方を工夫しましょう。

　実習記録は，ただ感想や印象を記述するのではなく，事実に基づき学びを整理し理解していくことが求められます。こうした書き方をすることで，指導する側も実習生の学びに焦点を合わせることができ，より具体的で深い学びとなっていくでしょう。そのような書き方の工夫は，実習終了後に作成する実習報告書においても，今回の実習が自分にとってどんな学びとなったのか，あるいはどんな課題が達成できなかったのかの判断を可能にし，実習の総括に役立ちます。

（4）実習記録を書くには

　実習記録を書く段階になって，自分の準備不足を痛感することは稀ではありません。では，事前にどんなことをしておくと有効でしょうか。実習計画書の作成と同様，例えば，先輩たちが作成した実習報告書等の記録や資料を読み込み，追体験するように理解し，自分の実習のイメージトレーニングをしながら準備をするのも一つです。実習前にそのようにイメージづくりをすることで，実習では何に取り組むべきかや，実習記録で書くべきことも見え

第3章　実習の前に考えること・学ぶこと

てきます。そして，それらをどんなふうに書いたらよいかも先輩たちの記録から理解することができます。

　実習前は，「実際に現場に行ってみないとわからない」と考えたかもしれません。実習では，現場の実際に触れ，その実践を体得していくことが第一の課題ですが，体で体得したことを頭で理解するために，記録を書き整理するのです。

　こうした準備を行い，しっかりと実習計画を立てておくことが「何のために実習をしているのか」「どうしてこの実習に来ているのか」「今日の実習で大事なことは何だったのか」など，ぶれることなく実習記録を書くことにつながるのです。実際にやってみて，わかっていたつもりがわかっていなかったと気づくこともあるでしょう。実践を体得していくだけでなく，その意味を考え，書き表してみることで，実践の意味を理解していくことができるのです。

　ポイントは，自分なりに実感した気づきや手ごたえを，読んだ人が客観的に理解できるように書くことです。実習は，毎日その日の日課やスケジュールに基づいて行われますが，利用者の様子や反応に柔軟に対応していくことも必要です。その中で，特に印象に残ったことや自分の手ごたえを手がかりに記録を書いていくとよいでしょう。ただし，自分の思いが先行し，それに終始した文章になってしまうと，相談援助実習にふさわしい学びとはなりません。実習生なりの思いや単なる感想や印象だけでなく，実際にどんな体験だったのか，その事態の展開や経過はどうだったのか，その場にいた職員や利用者はどんな様子だったのか，そこで自分はどのように行動したのかというように，読んだ人が状況をイメージできるよう具体的に再現するように書き，自分の思いも書き添えるようにしましょう。

　その日の体験をすべて書くことは不可能であり，またその必要もありません。今日は何を書くか，自分の実習における達成課題（実習で何を学ぶか）の観点から必要なことはきちんと書き，あまり関係ないことは思いきって書か

ないようにするとすっきりした記録になります。何に焦点を当てて書いたのか、その記述の視点は妥当か、書くべきことが書けているかは、実習記録を読んだ実習指導者にも伝わります。実習生の学びたいことと実際の学びに即した的確な指導や助言を受けることができ、現場での学びを深めることができるでしょう。

(5) 実習記録についての留意

実習記録を書く際、単なる日記にならないよう、以下の点に留意します。実習中の学びを自分自身に引きよせて考えてみましょう。また、何を感じ、どう考え行動したかなどを整理して表現してみましょう。

① その日の主題（テーマ）を明確に記述する。
② 何をどのように伝えるか構成を考えてから記述する。
③ 誰が読んでも理解しやすいよう、基本的文法の遵守、誤字脱字の確認をする。
④ 着目点を明確にするために、主述関係、6W3Hをはっきりさせる。
⑤ 利用者の語った言葉は必要に応じてそのまま記述する。その際は「　」を用いる。
⑥ 事実はありのまま脚色せずに記述する。
⑦ 自分の印象や感じたことも率直に記述する。
⑧ 職員の言動を記述する時は、確認をとった上で記述する。
⑨ 適切な専門用語を用いて記述する。
⑩ 利用児・者や実習先のプライバシー尊重には最大限配慮して記述する。
⑪ 守秘義務を十分意識するとともに、記録の管理に責任をもつ。

実習記録の最終日分と実習のまとめ（実習記録の総括ページ）の提出につい

ては，実習先により対応が異なりますので，実習中に最終的な実習記録の提出や受け取りについて，実習指導者に確認しておく必要があります。提出は，最終日に提出するところと後日持参するところがあり，受け取りは，後日実習生本人が実習先に受け取りに行くのが通常です。

　実習指導者から郵送でという指示があった場合は，返信用の封筒（宛先を記入し切手を貼ったもの）を同封するのはもちろんのこと，書留等で送るなど，送付したことが確認できるようしておきましょう。個人情報の取り扱いでトラブルのもととなるため注意が必要です。実習記録の内容は，仮名であっても利用児・者や実習先の個別の情報が含まれています。取り扱いには十分に注意しましょう。

（6）実習記録を書くための材料

　実習記録を日時に沿って正確に書くためには，論拠となる事実・証拠（evidence）が必要です。以下のようなことを忘れずにメモし活用しましょう。

① 実習中の体験を整理して記録しておく。
　・事後学習の材料として
　・「要約体」，特に「抽出体」を用いて体験の過程や内容について，主題（何を伝えたいか）を明確にし，端的に表現する
　・単なるまとめではなく，テーマにそった「要約」であること

② 実践現場での実学習として理解できたことを書き記しておく
　・実習計画に沿って理解できたこと
　・利用者との関わりを通じて理解できたこと
　・ソーシャルワーカーの実践を体感することで理解できたこと
　・実習領域の制度の現状など体験を通じて理解できたこと
　・機関・団体・施設等の支援について体験を通じて理解できたこと
　・関連機関・領域や専門職との連携を体験して理解できたこと
　・実習計画以外の体験でも印象深く，知識や技術，価値観に関連づけ

て理解できたこと
- さまざまな体験を通じて抱いた問題意識
- 実習指導者からのスーパービジョンを通じて理解できたこと
- 実習の体験をきっかけに参考資料を通じて理解できたこと
- 記録の前提となる知識や文献を通して理解できること
- 実習先の機関・団体・施設等を規定する法,関連する制度・機関に関する知識
- 実習先の機関・団体・施設等の機能や支援の目的に関する知識
- 利用者の特性に関する知識
- ソーシャルワーカーの専門的な機能や役割に関する知識
- 連携する専門職・機関・領域等に関する知識
- ソーシャルワーカーのもつべき倫理,社会的責任に関する知識

(7) 記録の種類

最後に,記録の形態と様式についてまとめておきます。

1) 記録の形態

記録にはいろいろな文体があり,目的や用途によって使い分けます。実習記録も,どのような書式で何のために書くのかによって文体を選択しますが,実習記録には「要約体」を用いると良いでしょう。なお,エピソード記録などを書くときには,叙述体や逐語記録なども必要となります。

a. 叙述体：事実を時間の経過に従って記録する文体
- 逐語録：実際の支援内容をありのままに記録する（様子や声の状況も）
- 過程叙述体：利用児・者とソーシャルワーカーのやりとりを行動,動作,感情なども含めて記録する
- 圧縮叙述体：支援過程のある部分について,全体的なやりとりを圧

第3章　実習の前に考えること・学ぶこと

　　　縮して要点を短く記録する
　　b．要約体：ソーシャルワーカーの解釈を含めて事実のポイントを明ら
　　　　かにした文体
　　　・項目体：支援過程ではなく，客観的事実をテーマごとにまとめ，そ
　　　　れを項目を立てて整理し記録する
　　　・抽出体：支援過程が長期にわたる場合など，利用児・者の変化や動
　　　　きを抽出して記録する
　　　・箇条体：支援過程や内容の重要な部分を箇条書きにする
　　c．説明体：事実をソーシャルワーカーが解釈し説明する文体

2）記録の様式

　記録は支援のさまざまな場面で用いられ，その様式や適した文体も変わります。可能であれば，その記録を閲覧させていただくと，間接的にさまざまな記録について学ぶことができます。個人情報等の制約があって，支援記録の閲覧が困難な場合は，書式だけでも見せていただくと，観察の着眼点，観察して得た情報をどのように整理して記録するのか等を学ぶことができるでしょう。

　　a．支援の開始期に用いられる情報整理のための様式
　　　・利用児・者の基本属性を効率的に理解する様式
　　　・利用児・者のニーズを明確化するために用いる様式
　　　・利用児・者の生活環境を端的に理解するために用いる様式
　　b．支援の展開過程を通じて用いられる実践記録の様式
　　　・支援計画を明確にするために用いる様式
　　　・支援経過を整理して確認するために用いる様式
　　　・支援の効果を評価するために用いる様式
　　c．支援に関連して用いられる連絡のための様式

表3-7　実習記録の書式例

実習生氏名 _____

実習第　　日目

月	日	曜日	天候	開始　時　分 終了　時　分

1．今日の実習課題

2．実習状況

時　間	業　務	実　習　内　容

第3章 実習の前に考えること・学ぶこと

3．考察（気づき，課題の取り組み，今後の課題・目標等）

4．実習指導者からの指摘及び指導内容（当日の実習指導担当者記入）

担当者印

出所：『淑徳大学ソーシャルワーク実習　実習記録』。

・利用者やその家族との連絡に用いられる様式
・連携する機関・施設等との連絡に用いられる様式
・必要に応じて関連するサービスの申請や契約に用いられる様式

　記録の書式や文章の書き方に一定の法則を持たせることで，短い文章で誤解なく多様な情報を伝えることが可能となります。例えば，以下に挙げたようなものの書式があります。相談援助論のテキストなどに，具体的な記述方法が紹介されていますので参照しておきましょう。「相談援助演習」の授業などで活用することもあります。学んだことは実習でも活用してみましょう。

・フェイスシート　・インテーク用紙　・ジェノグラム　・エコマップ
・ADL 評価表　・IADL 評価表　・QOL 評価表　・精神機能評価表
・アセスメントシート　・ケアプランシート　・ソシオグラムシート
・社会資源リスト　・経過観察チェックリスト　・経過記録用紙

5　事例にみる事前学習による学生の気づき

　学生たちは，事前学習によってさまざまな気づきを得，それを実習に活かしていくことになります。ここまでの解説に関する学生たちの反応のいくつかを最後に紹介します（事例は，テキスト用に必要な修正を加えたものです）。

（1）事例1――実習前に実習先施設に関する整理を行ったAさん

　3年生のAさんは，8月から4週間集中で児童養護施設B園において実習を行うこととなり，その事前学習として児童養護施設について学習を進めた。その結果，児童指導員の任用資格には社会福祉士のみならず，大学において心理学や社会学を修めた学士や一定の実務経験を有する人等が含まれていることを知り，また，施設における職員1人当たりの配置基準は児童指導

員と保育士別に規定されるのではなく，児童指導員と保育士とを合わせた基準となっていることを知った。さらに，ファミリー・ソーシャルワーカーとして，家庭支援専門相談員が配置されていることを知った。

Aさんは社会福祉士としてのアイデンティティを高めようとしていたのに，実際にはケアワーカーである保育士との業務区別が設けられていないことにショックを受け，児童養護施設における保育士と児童指導員，家庭支援専門相談員の業務の役割分担や連携のあり方について深く学びたいと思い，実習課題に取り入れることとした。

（2）事例2——実習オリエンテーションで事前学習について聴かれたC君

特別養護老人ホームで開催された実習オリエンテーションには，C君のほか他大学の実習生も数人来ていた。実習指導者は，集まった学生たちに各大学での事前学習の内容について問いかけた。

C君は，実習では利用者である高齢者の方々と触れ合うことのみを期待していたため，あまり施設の法的位置づけ等の事前学習には熱心ではなかった。そのため，特別養護老人ホームの性格や介護保険制度，社会福祉士としての実習の内容等についてほとんど答えることができず，実習担当者から「君の大学の実習教育は，一体どうなっているのか」と指摘され，後日，大学にも電話が入った。

（3）事例3——事例研究で自分の親との関係に気づかされたDさん

　事前学習においてグループで不登校児童の援助事例を検討していたDさんは，途中，胸が苦しくなり，討議に参加することができなくなった。子どもに対する母親の対応に無性に腹が立ち，親らとの面接における援助者の姿勢に共感している他の学生にいらつき，子どもの気持ちに涙が出そうになっている自分に気づいた。他の学生が客観的に親の態度や援助者の姿勢をとらえていることにも腹が立ち，ついきつい表現をして他のメンバーを驚かせたりした。

　授業終了後，担当の教員に相談に行ってじっくり話を聴いてもらった結果，自分自身がこれまで親の期待どおりに行動していたことに気づき，自由に生きる姉をうらやましく思っていることに気づかされた。Dさんは，これからも担当教員との話合いを続けるつもりでいる。

注
(1)　岡村重夫『社会福祉原論』全国社会福祉協議会，1983年，71頁。
(2)　秋山智久『社会福祉実践論改訂版——方法原理・専門職・価値観』ミネルヴァ書房，2005年，207頁。

参考文献
秋山智久『社会福祉実践論改訂版——方法原理・専門職・価値観』ミネルヴァ書房，2005年。
岡村重夫『社会福祉原論』全国社会福祉協議会，1983年。
小木曽宏・柏木美和子・宮本秀樹編『よくわかる社会福祉現場実習』明石書店，2005年。
柏女霊峰「事前学習」岡田まり・柏女霊峰・深谷美枝・藤林慶子編『ソーシャルワーク実習』有斐閣，2002年。
柏女霊峰監修「独立行政法人国立病院機構全国保育士協議会倫理綱領」。
川延宗之・高橋流里子・藤林慶子編著『相談援助実習』（MINERVA社会福祉士養成テキストブック7）ミネルヴァ書房，2009年。
川村隆彦『価値と倫理を根底に置いたソーシャルワーク演習』中央法規出版，2002

年。
社団法人日本社会福祉士養成校協会編『相談援助実習指導・現場実習　教員テキスト』中央法規出版，2009年。
淑徳大学実習教育センター『淑徳大学ソーシャルワーク実習　実習記録』2012年。
淑徳大学総合福祉学部『相談援助実習（ソーシャルワーク実習）の手引き』2012年。
淑徳大学総合福祉学部社会福祉学科精神保健福祉援助実習運営委員会『精神保健援助実習の手引き』2010年。
淑徳大学総合福祉学部『平成20年度社会福祉現場実習の手引き』2008年。
淑徳大学総合福祉学部『平成22年度社会福祉現場実習の手引き』2010年。
宮田和明・加藤幸雄・野口定久・柿本誠・小椋喜一郎・丹羽典彦編集『社会福祉実習』中央法規出版，2007年。
山縣文治・柏女霊峰編集代表『社会福祉用語辞典第8版』ミネルヴァ書房，2011年。

第4章　実習に向けて考えるべきこと・実習を通して深めるべきこと

本章では，実習に行くために進めてきた事前学習の"質"について，最終的な点検を行っていきながら，実習で求められる基本的な力（チカラ）を学習していきます。基本的な力（チカラ）には，ものごとの考え方，考え方を創り上げている構成方法も含まれていきます。皆さんはこうした基本的な力（チカラ）を身に付けた上で，さまざまな利用児・者から提起される多種多様なメッセージに対して，定められた実習期間内で，いかに多くの成果（表面的に見える効果性に限らない）を挙げることができるかについて，今一度その過程を確認していきましょう。

1　事前学習と実習との「連続性」を意識化すること

（1）事前学習と実習との関係性

　皆さんは第3章の「第3節　配属先について調べる」で，事前学習の一環として，各実習先ごとに求められている"しらべ学習"の項目について，インターネットやこれまで使用した教科書，授業で配布された参考資料等を基に，何らかの「カタチ」にまとめあげていく大切さについて理解できたと思います。また，第3章の「第4節　実習を有意義に過ごすために――実習手続きや実習課題の設定・記録の書き方」の「（2）実習計画の作成」において，実習を通して何が学びたいのか，またどのような方法でそれを学びたいのかということを，実習計画書といった皆さんの学校で定められた書式に基づき，具体的にしていくことが実習準備の必須項目であることを学びました。実習計画づくりを通して，はじめて"（実習先についての）しらべ学習"の内容を，自分自身の言葉に置き直して組み立て，実習の目的や意義（自分の関心や問題意識），実習を通して学びたいこと（具体的な達成課題），そのための具体的方法・手段を明確化していく作業に着手していったことと思います。

　ここで皆さんと"実習前の重要な点"を点検・確認しておきたいと思います。"実習前の重要な点"とは，実習先について理解するための必要事項

第4章　実習に向けて考えるべきこと・実習を通して深めるべきこと

(学校で配布される「実習の手引き」等に掲示されている，皆さん一人ひとりが調べることを求められている事項)について，それなりに調べたにもかかわらず，その内容のほとんどを"これからの実習のために使いこなしていく(活かしていく)"ことなく，"調べた"時点でほぼ"お蔵入り(未活用)"にしてしまってはいないかどうか。そしてこのことにさほど疑問をもたず，実習計画策定の段階を過ぎ去ろうとしてはいないかどうか，についての確認・点検です。

少しでも思い当たることがあるならば，皆さんはもしかすると①〜③のような状態になってしまっているのではないでしょうか。

① "しらべ学習"で実習先に関わる法制度，現状等を資料から抜き出したけれど，そこから何をどう実習計画づくりに反映させていけば良いのかがわからない。情報収集をするうちに，ついはまり込んでしまい，考えることに時間を使わない，または使う時間がなくなってしまった。

　　(→"しらべ学習"はしたが，"調べた"だけで，収集自体が自己目的化。さらに，"実習への思い(動機)"も「家から近い」「先輩がいい施設と言っていたから」等で留まっており，調べたデータを前に思考停止状態になっている)

② 配属先に関してやっとまとめあげた"実習課題"は，"実態の羅列"にすり替えられている。「実態」＝「課題」ととらえ違えているために，"自らの実習課題"として設定できでいない。

---②の例　児童福祉施設で実習した学生の場合---

　入所理由で最も多いのが「配偶者からの暴力」である。子どもはそれを間近で見ていたり，入所世帯の4割は子どもへの暴力もある。母子家庭への移行過程，施設入所という環境の変化が子どもに与える影響は大きく，子どもへの支援も強く求められている。その中でソーシャルワーカーとしてできることは何があるのかについてたくさん学びたい。

③ "しらべ学習"から抜き出した"興味ある内容"を，別の"興味あ

る内容"との脈絡（相互性）を意識化せず「課題」と称して羅列しているため，最終的に見直したとき，うまくまとめきれず，自分でもどう手を加えたらよいのかわからなくなってしまった。

　細かい項目を網羅しているうちに十分だと思い，大きい"押え"を外してしまい，社会福祉士実習として必要な内容の"漏れ"を見過ごしてしまっている。

---
③の例　児童福祉施設で実習した学生の場合

・子どもの行動の本当の意味についてよく考え，観察したい。
・子どもと特定の大人（職員）の間にできる愛着関係について観察する
・愛着関係が形成されている子ども同士の仲立ちとしての職員の働きかけ，行動について観察する。
・母親に子どもの気持ちを伝えるにはどうしたらよいのかを学ぶ（子どもが直接母親に伝えるのがいいのか，職員を介して伝えるのがいいのか）。
・母親と子どもの関係を取り持つためには，どこまで手を貸してあげればいいのか（どこまで母子の生活に踏み込めばいいのか）を学ぶ。

　"実習に向けての準備"という学習段階と，皆さんがどのように一歩踏み込んで向き合ったかが，実は実習成果を左右する大きな要因であるといっても過言ではありません。では，前述のような状態に皆さんが陥ってしまっていた場合，どうすれば「そこ」から突破していくことができるのでしょうか。

　結論をいえば，興味のおもむくまま，目に留まった"実態"を"実習課題"にすり替えて羅列したまま実習に入ったのでは，実り多い実習は難しいということです。まずは，自分の「実習仮説」が設定できているかを点検・確認していくところから始めていきましょう。

　本来「仮説」とは，いろいろな事実を筋道立てて考えていくための手段（仮に「〜ならば〜ではないか」と考えること）です。これを皆さんの実習課題づくりにあてはめてみるならば，法令集，実習先種別に関しての実態調査や，最近の利用者の動向等に関する"しらべ学習"を通じて集めた情報から，ど

第4章 実習に向けて考えるべきこと・実習を通して深めるべきこと

のようなことが読み取れるのかを考え"推論"を展開していくことになります。"しらべ学習"に基づいて、そこから見えてくる"事実"がどういった課題性を発信しているのかを掘り下げ、そこに自らが実習生としてどう関わりをもっていけるかを"意識化"し続けていく姿勢が、実習でのさまざまな体験や気づきを、より発展させ・深める"礎(いしずえ)"となるのです。

　なお、1年生から実習を行う場合は、できるだけ、できるところまで、こうした学習を準備学習に取り入れ、行って見るようにしましょう。

(2)「実習」に向けた推論の点検作業——しらべ学習の"立体化"

　実習先に関して行った"しらべ学習"の点検作業を行うにあたっては、何らかのフレームワーク（点検ボックス）があると便利でしょう。「(1) 事前学習と実習との関係性」でも触れましたが、ありがちなのは、興味のある現象だけに固執し、それだけで終始してしまう"しらべ学習"です。シンプルなフレームワーク（点検ボックス）に基づきつつ、社会福祉士実習として必要な実習メニューに即して、バランスよく"しらべ学習"を確認していきましょう。それによって"しらべ学習"における皆さんの偏りを発見することができるからです。興味・関心のある内容だけから実習課題を設定し、その結果、非常に偏った「実習計画」を作成してしまうことを回避することにもなります。また、調べ出された事実間の相互性を見つけ出しやすいという利点もあります。

　以下では、著者の学校で使っている「実習の手引き」に提示されている調べ学習に基づいて、9つの領域（点検ボックス）を設定してみました（図4-1参照、次頁）。それぞれのボックスは、相互に重複せず、かつ全体として漏れのない、大きな一つのかたまり（集合体）を構成していきます。

　各々のボックスに基づいて調べた情報を、前述したようにそのまま実習課題として置き換えるのではなく、そこから一歩踏み込んで自分の言葉に置き直して"仮説"を設定し、それに基づいて情報を意味あるかたまりに繋ぎ合

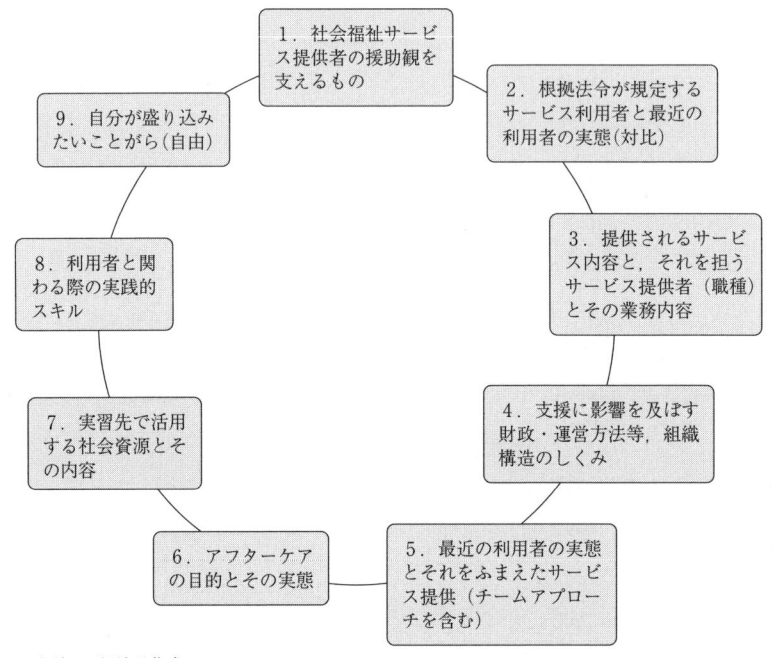

図4-1　実習仮説設定に向けたしらべ学習のための点検ボックス

1．社会福祉サービス提供者の援助観を支えるもの

2．根拠法令が規定するサービス利用者と最近の利用者の実態（対比）

3．提供されるサービス内容と，それを担うサービス提供者（職種）とその業務内容

4．支援に影響を及ぼす財政・運営方法等，組織構造のしくみ

5．最近の利用者の実態とそれをふまえたサービス提供（チームアプローチを含む）

6．アフターケアの目的とその実態

7．実習先で活用する社会資源とその内容

8．利用者と関わる際の実践的スキル

9．自分が盛り込みたいことがら（自由）

出所：戸塚法子作成。

わせていくというクセ（習慣）を実習前に付けておくことが，実習先で見聞きしたり体験したりしたことを，掘り下げ考えていくための"近道"になっていくのです。

　では少しずつ，これまで溜めてきた情報を取り出し"推論"していきましょう。最初はそれぞれのボックスごとに仕分けされたことで改めて見えてくる傾向性を整理していきます。各ボックスごとに情報が溜まっていくことで，領域特有の課題の芽が発見しやすくなっていきます。仮説設定においては，一連の情報をどういう"切り口"で整理していくかが"鍵"となってきます。

　また，実習先選択の大前提となった元々の"思い（実習動機）"が明確であれば，その思いに関連するような情報を見つけ，そうした情報のかたまりを

第4章 実習に向けて考えるべきこと・実習を通して深めるべきこと

「起点」に考えていくと意外にすっきりとまとまっていきます。

　情報を整理していくプロセスで発見した課題の芽をどのように拾い上げ，それをどう自分の言葉で表現して良いかがわからないため，借り物言葉（資料からの抜き出し）で大雑把に表現してしまうこともあるでしょう。"くくってまとめる"というこの作業に，皆さんなりの"ひと手間"をどうかけるかによって，自らが目指そうとする実習像がはっきりと見えてきます。"まとめる"という作業をうまく進められない人は，"論理的に考える"ことをあまりしてこなかった人かもしれません。

　整理した情報に皆さんなりの"切り口（論理）"で順序づけ（系統立て）を行い"再構成"していく，そして，似通った傾向の情報が発信する共通のメッセージをつかみとる，という作業が実習までにできていないと，脈絡なしに興味本位の情報を実習計画に取り込み，説得力に欠ける実習計画を実習先に届けることになってしまいます。

　フレームワーク（点検ボックス）に基づいて情報を少しずつまとまりのあるカタチに再構成していくことが「論理的にモノを考えるクセを付けていく」出発点になるのです。具体的な課題設定の作業は，この延長線上に待っています。情報を取り扱う力（チカラ）を付けることで，実習先で出会う出来事への皆さんの向き合い方も大きく変わっていくのです。つまり「出会ったこれらの出来事から読み取れる事実からすると，○○というように考えることができるのではないか」というような，"あたり"がつけられるようになっていくのです。このことが"推論"の作業につながります。さらに"しらべ学習"を通して"情報収集のコツ"がわかってくると，知りたい情報を得るために，事前訪問等で実習先にお伺いした際，誰（職員）にどのような質問をすれば良いのかもわかってくるのです。

　ときどき目にするのが，なぜその実習課題を設定したのかについて，皆さんの意図が十分に伝わらない実習課題です。実習仮説（実習目標）不在のまま，細かく砕かれた内容（ミクロレベルの内容）ばかり設定してしまうと，

"実習の全体像"が見えないばかりか，皆さんがどこへ向かって行きたいのかがわからなくなってしまうのです（下記の例参照）。

実習課題の例（下線部は著者）

> 　生活している子どもの６割が乳幼児と比較的低年齢の子どもが多い。またDV被害を見ていたり，虐待されていた子どもが多くいる。このことは，親子関係や子どもの成長に大きく関わる。その時々にその子どもに合った関わり方，積極的に関わった方が良いのか，できる限り関わりは少ない方が良いのかなどを理解できるようにしていきたい。
>
> ------
>
> 一般家庭での母親でも育児に悩む人は多くいる。そのように一般家庭で暮らしている人と，実習先で暮らしている人とでは何が違うのか。親自身に援助が必要な家庭で育っている子どもの成長はどうなのか，子どもにとってどのような支援をしていけば良いのか，どのような支援が求められているのか，観察や関わりを通して学びたい。

　さらに，最初から細かいことばかりにとらわれてしまうと，狭い視野で情報をとらえようとするクセがついてしまいます。私たちは身近なことに目がどうしても向きやすいため，ついそうした内容に絞ってしまいがちになります。誰しもそうした傾向はあります。

　"考える"プロセスにおいて，自分の実習像をどう意識的に構成していくかでは，前述した初期の思い入れも大切な要素です。実習仮説を立てるには，皆さんが考える"切り口"に基づいてあらかじめ関連情報を整理していくことが必要になってきます。その作業を通してどのような実習にしたいかに関する"全体像（実習目標と具体的課題の関連性）"を説明するロジックツリー（ある事柄を論理的に分析・発展させていく手法。問題の原因を掘り下げたり，課題を達成していく際の方法を具体化したり，ということを，限られた時間枠の中で追求していくときに役立つスキル。因果関係で結びつけられている各項目同士の全体像）が，皆さんなりに頭の中で思い描けていないと，実り多い実習にはつながっ

第4章 実習に向けて考えるべきこと・実習を通して深めるべきこと

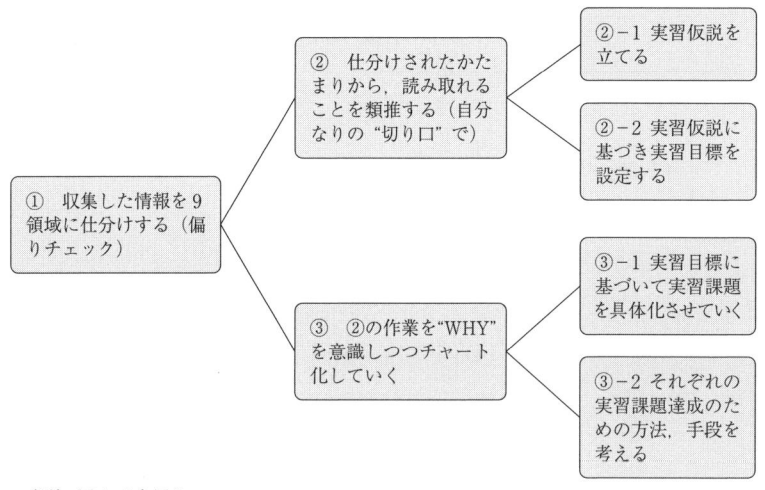

図4-2 実習仮説設定までのフローチャート

```
① 収集した情報を9     ② 仕分けされたかた        ②-1 実習仮説を
領域に仕分けする（偏   まりから，読み取れる       立てる
りチェック）          ことを類推する（自分
                     なりの"切り口"で）        ②-2 実習仮説に
                                              基づき実習目標を
                                              設定する

                     ③ ②の作業を"WHY"        ③-1 実習目標に
                     を意識しつつチャート       基づいて実習課題
                     化していく               を具体化させていく

                                              ③-2 それぞれの
                                              実習課題達成のた
                                              めの方法，手段を
                                              考える
```

出所：図4-1と同じ。

ていきません。"理由（なぜその課題を設定したのか）"のない課題の羅列では，実習で体験する多様な事柄を深めていくことはできないのです。なぜその課題でなければならなかったのか，設定した課題の後ろに潜む「意味性〈WHY？：なぜ，どうして〉」を常に自問自答し，それを引き出していく力（チカラ）が必要になってくるのです（図4-2参照）。

こうして皆さん個人のオリジナルな実習計画書は，9領域に沿いながら，「実習仮説⇔実習課題」のつながりを意識しつつ，「論理的に点検する」なかで整えられていきます。実習に臨む際に大事なことは，"情報・データをいかに多く集めるか"ではなく"その活かし方，使い方をどれだけ自分の力（チカラ）で考えられるか"なのです。その作業が事前学習であり，実習計画の立案です。

では，次に実習仮説（実習目標）を皆さんなりの具体的な「カタチ（個々の実習達成課題）」に落とし込んでいきましょう。"実習（ACTION）"とは，9領域に落とし込まれた情報（実態）を前提に，自ら掲げた実習仮説（実習目

標）を取扱い可能ないくつかのサブゴール（具体的な達成課題）に細分化・部分化（PLAN）し，それらに基づく取り組み（DO）を自分なりに検証（CHECK）していく過程なのです。

(3)「実習準備」の段階から「実習」へと繋げ・深めていくべきこと
　　──3段階モデルをふまえて

　いよいよ自分の実習仮説から導き出した実習目標（ゴール）を達成すべく，自らの言葉で表現した具体的な実習課題（PLAN）を，さまざまな実践的手法（DO）に基づいて検証（CHECK）していく全体のプロセス＝"実習（ACTION）"がスタートしていきます（PDCA）。

　"実習（ACTION）"を大きなくくりでとらえた場合，前章でも述べられているように，「事前訪問（実習に際して行われる打ち合わせ，実習オリエンテーション）」「プレ実習（実習に入る前に数日から1週間程度，あらかじめ先行して行われる実習）」「基礎実習（社会福祉士実習が2期に分けて行われる第1期目・10日間程度の実習，低学年での実施）」等が含まれます。こうしたさまざまな実習機会を通じて，いろいろなアングルから集められた情報は，実習準備段階で収集したしらべ学習に合流・再統合されていくことにより，"推論"が一段と掘り下げられ，"新たな気づき"に発展していきます。そうした"気づき"を，既存の達成課題にどう"上書き"していくべきかということも含めつつ，実習課題自体は常に"進化"し続けていくのです（図4-3参照）。社会福祉現場で創り出される時間と独特の環境下で，実習課題は刻一刻と"変化"し続けていきます。それゆえに実習前の準備段階において，情報を適当にまとめて進んでいくこと等はあり得ないのです。

　社会福祉士実習は180時間という総時間数の中で以下に掲げる3段階実習を行っていくことになります。3段階実習とは，①職場実習，②職種実習，③ソーシャルワーク実習，です。まずは，それぞれの実習について日本社会

第4章　実習に向けて考えるべきこと・実習を通して深めるべきこと

図4-3　進化し続けていく実習課題

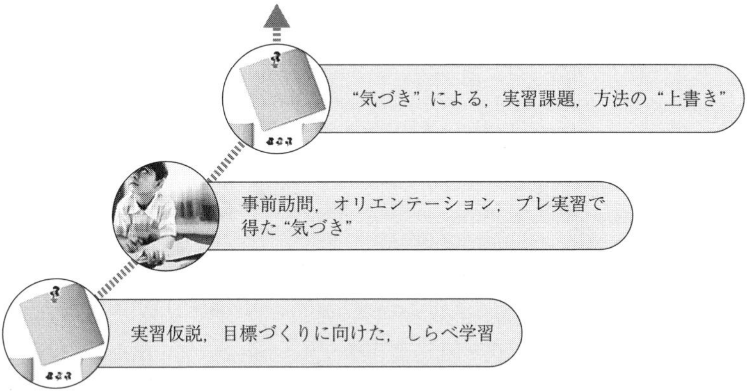

- "気づき"による，実習課題，方法の"上書き"
- 事前訪問，オリエンテーション，プレ実習で得た"気づき"
- 実習仮説，目標づくりに向けた，しらべ学習

出所：図4-1と同じ。

福祉士会編「社会福祉士実習指導者テキスト」（中央法規出版，2008年），日本社会福祉士養成校協会編「相談援助実習指導・現場実習教員テキスト」（中央法規出版，2009年）に基づき，簡単に説明しておきましょう。

① 職場実習

一言で言えば"職場の仕組みと機能を全体的に理解する実習"です。ねらいの一例として，看護職，調理部門，事務部門，ケアワーク部門といった他専門職の存在とその働きを理解しつつ，ソーシャルワークとの連携を把握できるよう，十分配慮して行っていく実習です。"専門職理解"には，その専門職固有の方法があり，他専門職の利用者理解とは異なるものとして教育・指導されていかなければなりません。職場実習は概ね1週間程度行います。

② 職種実習

職場における実習指導者の職種の位置づけと，ソーシャルワーカーとして担っている業務全体を体験し理解していく実習です。ねらいは，ソーシャルワーカーが実際に現場で働く上で関連・派生する周辺諸業務を学ぶことにあります。例えば，実習指導者の一日に密着して観察したり，日課表に記録をつける方法等も有効になります。

図4-4　社会福祉士実習における3段階実習の相互関連性（イメージ）

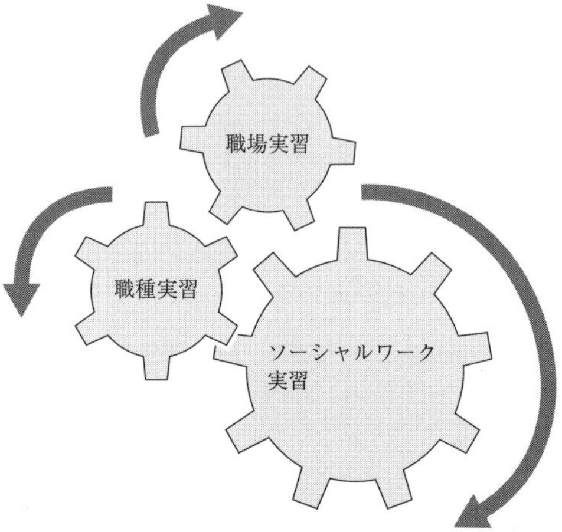

出所：図4-1と同じ。

　職場実習，職種実習では，主な援助対象となる利用者の状況，想定される制度やサービス，資源の状況，機関・施設等組織の状況，専門職の役割等を理解し，それらがどういったニーズに対して，誰がどのように，何のために機能しているかを学んでいきます。

③　ソーシャルワーク実習

　ソーシャルワーカーである社会福祉士（＝実習指導者）が，利用者一人ひとりが抱える個別の課題を，どのように解決へとつなげ，組織ミッションを達成しようとしているのかを学ぶ実習です。この実習を通じて，社会福祉士像の伝達，実習指導者による日々の実践の中に埋め込まれている専門性（判断の的確性，スキルの卓越性，ヒューマニズム，的確な身体の動き等）を，語ること，示す事などで伝えていきます。すなわち，実習指導者の専門性を反映しているソーシャルワーク実践の実態を理解し，実習生自らがソーシャルワーク実践を試行することを目指していきます（図4-4参照）。

第4章　実習に向けて考えるべきこと・実習を通して深めるべきこと

> 「ソーシャルワーク実習」においては，ニーズ把握，アセスメント，援助目標・計画の作成，契約，サービスマネジメント，資源調整・動員，資源開発，家族，地域関係調整，モニタリング，サービス評価，苦情解決，代弁，運営管理，スーパービジョン，職員研修，ソーシャルアクション，利用者のエンパワメント，利用者と環境との接点への介入，等を特に意識して学習しましょう。

　これら3段階実習の一部が，他段階の実習に入り込むことはあるとしても，上記のような「基本」に則ることで，"実習現場の全体"が"実習体験"として定着すると考えられています。そしてこの3段階実習が，実習指導者による実習指導プログラム（→実習日程表）に反映されていくことになります。

　皆さんが作成した実習計画書は，実習指導教員とのやり取り（指導）を受けつつ完成したところで，事前に（少し余裕をもって）実習先に届けられます。実習先の実習指導者（社会福祉士）は，それを考慮しつつ，先の実習日程表を最終調整していきます。こうして3段階実習が盛り込まれた実習日程表に基づいて，皆さんはあらかじめ，実習展開の予測が立てられ，不安の軽減にもつながり，事前学習とも刷り合わせていくことが可能になります。
　そして実習日程表に沿って展開されていく実習メニューを通じて，知識・技術，実習態度を皆さんがどの程度発揮できたかという側面から実習評価がなされていきます。具体的には学校から実習先に送付される「実習評価票」に掲載されてある"評価項目"に則って評価がなされます。
　皆さんの「実習仮説」に基づいて設定した「実習目標（包括的課題）」と，それを基軸にした"ロジックツリー（手法）"によって，繋ぎ合わせられていった，「具体的達成課題」と「具体的方法」がでリンクし合うことにより，"的（＝実習目標）を外さず"，積極的に行動に反映されていくことになります。
　ではこうして実習（ACTION）から得られていくさまざまな成果物を，実

習初日以降，どのようにまとめ，自らに還元していったら良いのでしょうか。皆さんの日々の実習を映し出す重要な資料として「実習記録」があります。その内容は大学によって若干の差はありますが，およそ以下の事柄で構成されています。

① 今日の実習課題
② 今日の実習状況（いつ，どのようなこと／業務を行ったか）
③ 今日の実習についての考察（課題の取り組み，気づき，今後の課題・目標）

　実習（ACTION）の大前提は，あくまで皆さんが作成した，実習目標に基づいた「具体的な実習課題」です。それを実習日程表に沿いながら達成していくことになります。「具体的な実習課題」は，その内容に応じて，実習前期～後期におおよそ振り分けられ繋がり合って展開されていきます。また実践現場に入っている以上は，現場特有の環境や皆さん側の事情によって，課題達成の程度や方法は微妙に変更されていくこともあり得ます。当日，皆さんが実習したことは，「①今日の実習課題」を念頭におきつつ，「②今日の実習状況」の枠内に要約記録体のかたちで時系列にまとめられていきます。そしてその概要をふまえつつ，「今日の実習課題」がいかに，どう達成されたのか，また達成できなかったところがあればそれは何であったのかを，皆さんが実習中に抱いた"気づき"を織り交ぜながら整理して行きます。そこから現れてきた今後に向けての反省点（→課題）が，当初設定した実習課題に"上書き"され，「明日以降の実習課題」として実行に移されていくことになります（図4-5参照）。
　しかし，日々のさまざまな実習プログラムを消化することで精一杯となり，実習中に体験しているさまざまな出来事への掘り下げを自分一人の力で行うことに抵抗感を覚えることは誰しもあることですし，自分一人で行うことは

第4章　実習に向けて考えるべきこと・実習を通して深めるべきこと

図4-5　「実習（ACTION）」を繋げ・深めていくということ

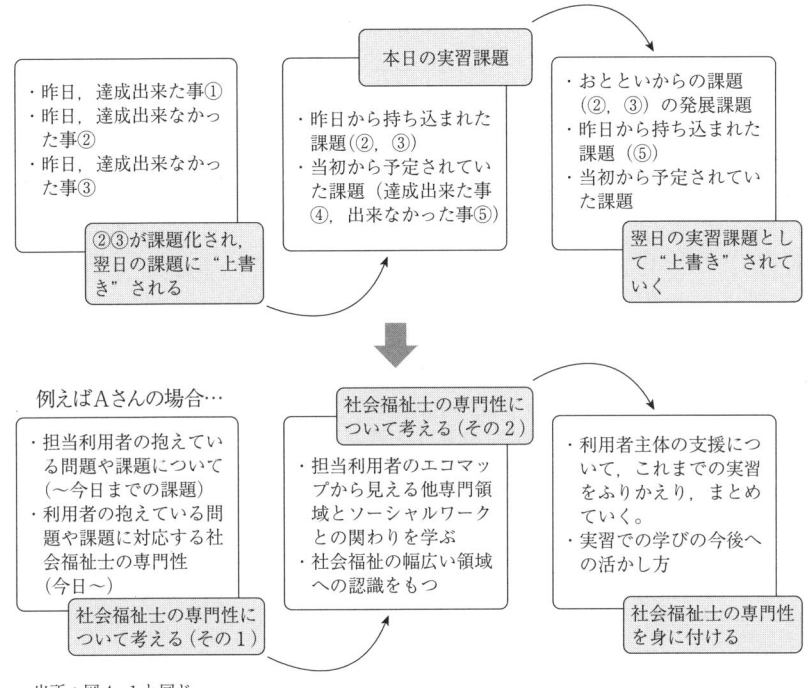

- 昨日，達成出来た事①
- 昨日，達成出来なかった事②
- 昨日，達成出来なかった事③

②③が課題化され，翌日の課題に"上書き"される

本日の実習課題
- 昨日から持ち込まれた課題（②，③）
- 当初から予定されていた課題（達成出来た事④，出来なかった事⑤）

- おとといからの課題（②，③）の発展課題
- 昨日から持ち込まれた課題（⑤）
- 当初から予定されていた課題

翌日の実習課題として"上書き"されていく

例えばAさんの場合…
- 担当利用者の抱えている問題や課題について（～今日までの課題）
- 利用者の抱えている問題や課題に対応する社会福祉士の専門性（今日～）

社会福祉士の専門性について考える（その1）

社会福祉士の専門性について考える（その2）
- 担当利用者のエコマップから見える他専門領域とソーシャルワークとの関わりを学ぶ
- 社会福祉の幅広い領域への認識をもつ

- 利用者主体の支援について，これまでの実習をふりかえり，まとめていく。
- 実習での学びの今後への活かし方

社会福祉士の専門性を身に付ける

出所：図4-1と同じ。

意外と難しいものです。そのためにも施設・機関の中で実習指導者が定期的あるいは随時行う実習スーパービジョンの機会を積極的に活用したり，実習指導に関わる教員が実習先に出向いて行う巡回指導というスーパービジョンや，皆さんが学校に戻って受ける帰校指導におけるスーパービジョンの機会を上手に活用して，自分の中のいろいろな"気づき"を深めたり，実習課題につなげていく作業を行っていきましょう。ここでの教員からの助言や指導は，それまでの実習に対する取組み姿勢を見直す意味でも重要な機会となっていきます。こうしたスーパービジョンを実習教育スーパービジョンと言います。効果的に活用することにより，実習そのものを有意義に進めていけるようにして行きましょう。

「実習のまとめ」においては，これまでの皆さんの全実習過程をふりかえりつつ，180時間の実習での成果と今後への課題を検討していきます。
　実習期間中，皆さんの日々のこうした課題を"上書き"していく基（もと）は，利用者の方との日々の関わりや，職員の方との実習スーパービジョンを通して得られた"生の声"，"経験知"です。これら一つひとつは今後，皆さんのソーシャルワーク実践像を形成していく上できわめて貴重な財産となっていくことでしょう。実習中，さまざまなライフスペース（生活空間）を通じて，利用者の方や多職種の方々とコミュニケーションを図ることによって，皆さんの実習施設・機関でのソーシャルワーク実践が，逆に鮮明になっていくのです。
　さらに180時間という時間枠の中で，皆さんのモチベーション（動機づけ）も，個人的なそれ（実習直前までの準備学習を通じて培ってきたもの）から，さまざまな職種の方々との関係性に軸足をおいたチームワーク的なものへと発展し・変貌をとげていくことにもなっていきます。実習先でのさまざまな職種の方々とのネットワークに実習生として入り込むことによって，皆さんの役割も，そうした人々との"相互作用"を通じてより明確化されていくことになるでしょう。また，利用者や職員との関わりの過程を通じて，何らかの肯定的評価をより得たいという気持ちも強くなっていくことでしょう。実習という名の"実践"を毎日試行錯誤しながら積み重ねていくことによって，皆さんはさまざまな方向へアンテナを振り向けながら，キャッチしたさまざまな情報を基に，少しずつ柔軟な活動が行えるようになっていくのです。そうした過程の中で実感していく"成長"こそが，ソーシャルワーカーとしての皆さんの明日を創っていく"原点"になるのです。

第4章　実習に向けて考えるべきこと・実習を通して深めるべきこと

2　実習体験を「次」に繋げるためにすべきこと

(1) "声"を起点とする学び方

　前節でも少し触れたように,「ソーシャルワーク実践」は, 利用者との関わりから, いかに多くのメッセージ (サイン) を読み取れるかが "鍵" になっていくと言っても過言ではありません。読み取るメッセージは, 利用者の方個人のミクロレベルの課題だけではなく, 組織, 制度, 機関・施設が有するメゾ, マクロレベルの課題にも関連していきます。このように, 利用者の方が発信するメッセージを起点として, いろいろな課題を掘り起こし, それをさまざまな運動, 企画・開発的な活動へと結び付けていくソーシャルワーカーの行動を「ケースアクション」といいます。多くの実践活動に繋がる無数の課題を発見していくためにも, 私達は, 利用者との向き合い方の基本にしっかりと立ち返り, おさえていく必要があるのです。

　利用者の方と触れ合い, その考えている中身やニーズを直接対面してつかむことが, 利用者の方にとって必要・望ましい具体的な企画・計画を発展させていくことにつながります。結局,「利用者の方との関係性をどれだけ意味あるものにできるか」が "要（かなめ）" となるのです。信頼関係ができていくと, ふだんは聞けないような利用者の方の本音に触れることにもなります。「こういったときどうして欲しいのか (ニーズ)」「どのように満足感を得たいと願っているのか (達成方法)」に対するヒントは, 利用者の方との対面的な接触を通してでしか見つかりません。しかも利用者の方と皆さんとの "関係性" が進化していくと, 利用者の方が皆さんに "求める役割" も微妙に変わっていきます。利用者の方は, 日々の暮らしの中でどう "自己実現" を図っていきたいと願っているのか, そのためのサービス展開のあり方を模索するには, もう一つの重要な要素として, そこに介在する多職種の方々の "声（サービス展開に対する思い・意気込み）" に耳を傾けることも, 重要なことなの

です。

　リスニング（傾聴）は，皆さんが実習先で利用者の方々と関わっていく上で重要な対人援助での基本的スキルです。利用者の方々の声から，今，何を取り上げなければならないのかを見つけ出し，拾い上げ，それをサービスに反映していくことが必要です。"声"を理解し，その"声"に込められているメッセージをつかみとるためには，利用者の方々のそうしたメッセージの一つひとつを皆さんがどう解読するか，その解読の如何が"鍵"となるのです。

　解読された声は，必要に応じてその後，関連する部署の方（他職種）とも共有し・議論し合い（フロアミーティング，施設内委員会等），再び利用者の方に最適なカタチで還して（還されて）いくことになります。しかし，日々の利用者の方々との関わりにおいては，ポジティブな声ばかりではなく，ネガティブな声（不平・不満）も多く寄せられることでしょう。しかしネガティブな声を通して，サービスや運営体制に隠された何らかの欠陥が見つかることもあります。将来のソーシャルワーカーとして，さまざまな事情を抱える利用者の方との接点（インターフェース）において，利用者の方々が発する多くの"声"と出会い，一つひとつの"声"としっかり向き合いながら利用者の方に対する直接・間接的サービス（施設内環境調整・組織改革等）に活かしていく，そうしたサイクル（循環経路）を，頭の中に定着させることが重要なのです。さらには，利用者の方が機関・施設に抱く期待・思いが，施設・機関の支援方針そのものに，大きく跳ね返っていくことにもなるのです。

　その結果，「声（点）」がまさに「起点」となり，多職種（複数の部署）が繋がり合っていく（点⇔線），このことが，真の意味で施設・機関の"ソーシャル化（点⇔線⇔面）"を促進させていくことにつながることになります。ネガティブコメントは，受け取る側にとっては気分を損ねることにもなりますが，人として当然のリアクションでもあります。皆さんはその「壁」を乗り越えて，利用者の方からのさまざまな"声"を"好機（チャンス）"としてとらえ，

変換していく力が求められているのです。「声」に潜む真意をつかむ日々の努力こそが ACTION なのです。

　では，そのためにどういったことを心がけたら良いのでしょうか。具体的には「一方的にしゃべり続けない」「聞き上手に徹する」「会話のキャッチボールが続くようにする」といった"聴き方のスキルを習得する"ことが基本となってきます。実習中のコミュニケーションを通じて小さな成功体験を積み重ね（"つかみ"を実感する），利用者の方のメッセージを実習先のいろいろな職種の方と必要に応じこまめに共有し合い，最終的に利用者の方にサービスとして還していくことが重要なのです。組織の部署間は有機的に繋がり合っていますから，そこに所属する多職種が補完的な関係性を築き，一つの大きなミッション（機関・施設の支援方針）に向かって協働していく「原点」となるのが，まさに利用者の"声"なのです。

　では次に，利用者の方の「声（点）」が23日間の実習を通して，どのように拾い上げられ，掘り下げられ，繋がり，そして再び利用者の方に還っていったのか（点⇔線⇔面），そしてこのことにどう気づき・実感していったのかを，特別養護老人ホームで実習したある実習生の記録を通して考えていきたいと思います（実習記録からの抜粋。但し内容の表現方法等を個人情報保護の見地から一部著者が変更。下線部分も著者による）。

―― 1日目 ――
　オリエンテーションで施設の様子を映したビデオを通し，職員の方のコミュニケーションの実際を理解する。後半はレクに参加し，利用者の方の"できること"に沿った関わり方に迷う場面と出会う。

↓

―― 2日目 ――
　ユニットに入る。昨日学んだ「聴く力」を意識しながら取り組む。利用者の方の体調，食事，排泄，服薬等の状況把握が，ご本人との積極的コミュニケーションの下地になっていくことを知る。

↓

--- 3日目 ---
居室の清掃，シーツ交換等を通して，その方の趣向，生活感を尊重しつつ，集団生活の中での"その方らしさ"を維持する重要性について知る。

↓

--- 4日目 ---
アセスメントシートの作成方法を学ぶ。<u>言語のみのコミュニケーションにとらわれず，表情や仕草，声のトーンなど非言語的側面も観察し</u>，相手の立場になって考えることを学ぶ。<u>わずかな変化でも見逃さず大事にとらえていきたい</u>。

↓

--- 5日目 ---
ケアプラン作成に向けて担当利用者を決める。<u>日数を重ねながら関係性をつくり</u>，その方のニーズを，<u>暮らし方，日常の会話から理解</u>していきたい。

↓

--- 6日目 ---
利用者本位，このことが暮らしの細かなところまで徹底されていることの認識を新たにする。<u>利用者の方の思いを，会話の中からすくい上げていく難しさを知る</u>。

↓

--- 7日目 ---
早番業務を体験。日勤とは異なる朝の様子を知る。また日中ご家族の来訪に接し，<u>ご家族との関係性の大切さ</u>，その意味を知る。利用者の方との関わりでは<u>「態度」</u>が持つ意味の理解に努めた。

↓

第4章 実習に向けて考えるべきこと・実習を通して深めるべきこと

---- 8日目 ----

　午前，アセスメントシート作成のため利用者にお話しを伺う。<u>話の流れから伺うタイミングをつくる難しさ</u>を体験。職員のご協力で資料による補足。<u>アセスメント情報のまとめ上げの難しさ</u>を知る。

⬇

---- 9日目 ----

　排泄・褥瘡委員会に参加。利用者の方にあったオムツのあて方の重要性を知る。また褥瘡危険度と食事の関係を理解。ユニットのリハビリでは，<u>利用者の意思・気持ち面の"リハビリ"の大切さ</u>も学ぶ。

⬇

---- 10日目 ----

　ユニットのケースカンファレンスに参加。ユニット職員，介護支援専門員，看護師，理学療法士と各職種が<u>チームとして全体で包括的支援を行っていることを理解する。多職種連携の重要性</u>を知る。「死にたい」と発言する方の対応に課題が残る。[*1]

⬇

---- 11日目 ----

　継続的関わりによって利用者の方の暮らしの一部に少しずつ入り込むことができていく。今日はケアプランを作成する。プラスの面をとらえ，利用者主体で作成する重要性を学べた。しかし<u>「知りたい」という個人的関心が優先してしまう</u>。

⬇

---- 12日目 ----

　物事を断定的にとらえず<u>臨機応変にとらえることの大切さ</u>がわかりかけてくる。個別的支援について多くを学べるようになった。

⬇

―― 13日目 ――
　前回作成したケアプランに基づき，一部の限られた範囲であるが実践。利用者の方のやりづらさを目のあたりに事前準備の大切さを改めて認識する。現状を受容しきれず葛藤してしまう利用者の方にも直面する。精神的ケアの大切さを知る。

―― 14日目 ――
　通所介護現場・生活相談員業務を学ぶ。多くの業務をこなしつつ，人を巻き込むリーダーシップを備える必要性を実感。生活相談員業務と現場の他業務との線引きの難しさを知る。

―― 15日目 ――
　認知症デイサービスの現場で学ぶ。帰宅願望が強い方。その言葉・気持ちを受容し，その意味を考える大切さを知る。会話についても接し方の認識への甘さに気づく。

―― 16日目 ――
　カンファレンス出席。ユニットの職員から普段の様子を聞き，情報を共有。ケアの実施状況，課題点を整理しプランが見直され，他職種からの意見，疑問点が話し合われ，それをまとめる生活相談員の姿を知った。

―― 17日目 ――
　相手の声を頭ごなしに否定せず，その行動の裏側にある"なぜ"を考える。"老い"に対する思いと現実の生活とのギャップ，そのことへの受容について考える機会となる。[*2]

第4章　実習に向けて考えるべきこと・実習を通して深めるべきこと

── 18日目 ──

　デイサービスの入浴介助に入る。その介助においても，一つひとつ，利用者の方に確認を取る大切さを感じた。利用者の方の全身を把握するため，アザ・傷等から転倒の程度が確認できた。その後記録を閲覧し，認知能力が低下し暮らしに支障が出ていたり，今の自分を受容できず，家族とぶつかってしまったりと，"表面上ではわからないニーズ"があることを知る。家族を含め"全体"を視野に入れた援助計画の必要性を感じた。

⬇

── 19日目 ──

　ユニットでの食事配膳。食事の形態・食欲・量もそれぞれであり，声かけの仕方・程度も一人ひとりで異なっていた。午後はレクに参加。帰宅願望の強い方が，その間帰りたいと言わなかった。居心地の良い空間，その方が楽しく居られる関わり方の大切さを改めて学ぶ。

⬇

── 20日目 ──

　在宅介護を支援する社会資源について学ぶ。居宅介護支援専門員業務を理解する。ユニット同様，地域でその人らしい生活ができるためには家族の負担も考え調整することの必要性を学ぶ。また，友人や近隣の支え等，幅広い社会資源活用の必要性を痛感した。実際の訪問では，ご本人の介護状況，家族との関わりや普段の暮らしぶり等をお聞きし，精神面・環境面を含めた支援，ご本人・家族を含めた"全体"を受容する大切さを感じた。

⬇

── 21日目 ──

　生活相談員業務を学ぶ。さまざまな業務があるが，"中心は利用者でなければならない"と再認識することができた。医療依存度が高い場合や待機者の兼ね合いもあるなか，生活相談員による，一つひとつときちんと向き合い，相手の訴えを聞き，受容していく姿を目のあたりにした。また，入所時の重要事項の説明では，施設内に限らず，法制度のこと等，全体的な知識を持ち，家族・関係機関・

多職種と情報交換や共有を図っていかねばならないことを学んだ。ショートから特養，デイからショートに移行される方も多く，そこでも情報の収集・共有・連携の必要性を学んだ。ショートステイは在宅サービスであり，利用者には帰る場所があること，帰宅後の生活もふまえて支援する必要があるのだと感じた。

── 22日目 ──

　引き続き生活相談員業務を学ぶ。ケアプランを実施後，モニタリングを行った際，ご本人の抱える思いの複雑さを改めて知り，精神面を考え寄り添っていくことの重要性に気づく。「何かをしてあげるという目線では，その方の抱える複雑な思いには気づけない」と思った。ユニット巡回では，生活相談員の方が，申し送りの状況から一人ひとりに声をかけ，ユニット職員からも様子を聞き，なぜその方がそういう状況であるのか，きちんと理由を把握するようにしていた。限られた関わりの中でも利用者理解，関係性を築いていると感じた。利用者の方もとても落ち着いた様子で「この人（生活相談員）は，自分を見てくれている」と感じているように思えた。装具が合わない訴えの場合も，装具屋への連絡だけでなく，精神面での訴えであるかも知れないと情報を共有した上で動き，家族の面会の頻度に関しても"全体"を見て考え，情報収集をし，考察することが大事なのだと感じた。今日は，行事委員会，リーダー会議，職員会議にも参加した。利用者中心であることはもちろん，そのためにも他職員の不安や疑問，意見の共有等，職員全体のことを人一倍配慮しているのだなと思った。

── 23日目 ──

　施設の委員会活動について学ぶ。排泄委員会，褥瘡委員会，感染症対策委員会等においても，利用者を中心に"施設全体としての取り組み"が行われていることを学んだ。個人としての意識の再認識，ユニット間で情報を共有し合うことで，より良い施設づくりにつながり，そのことが利用者に反映されていくのだと思った。新規入所のカンファレンスでは，本人，家族，生活相談員，施設介護支援専門員，ユニット職員，管理栄養士等，多職種が集まり，家族の要望や本人の特徴，様子を伺い，サービス内容，対応についてケアの方針を説明し，併せて食事の好み，禁食，入浴対応，服薬管理について一つひとつを確認していき，利用者ご本

人は緊張されていた様子であったが，ここからご本人の生活がスタートし，支援がなされ，一人ひとりの職員が利用者と向き合い，信頼関係が形成されていくのだと思った。

── 最終日によせて ──

　これまでの実習を振り返り，まとめを行った。実習当初は，"知りたい""何かをしてあげたい"という思いが自分が意識していないところでとても大きいものであったことに気づいた。しかし利用者の方は，よく見ていてくださっていることがわかり，そのおかげで私も実りのある1カ月を過ごし，成長につながったと思った。人は人と関わることで成長できるということを学んだ実習でもあった。そして自分のような実習生でも影響を与えることができることを学んだ。この実習では，その方がその方らしく日々の生活を送れるように尊重され，一人ひとりの時間の過ごし方やその方その方の好み，部屋についてのこだわりや，ケアについても，食事の形態・オムツの種類等，安心・安全面に配慮されつつそれぞれのケアがなされていることを学ぶことができた。以前できたことができなくなってしまうといった苦悩を抱える利用者の方に対して，どう対処し・関わっていくかは今後の課題としたい。その方の気持ちを受容し，寄り添っていくことが大事であり，失敗もあったがそのようにコミュニケーションをすることができた。この実習で学んだ多くのことに対し，大学へ戻ってから学びを深められるよう頑張っていきたい。

── 実習のまとめ ──

　4週間を振り返り，特に印象に残っているのは，各職種・職員一人ひとりは"点"としての存在であっても，利用者を中心にケアをするなかで情報を共有し，連携を取り，"点"が"線"となってチームケアがなされていること，もう一つは，利用者を理解し，寄り添っていくことの大切さである。欲求の強い方の思いをどう受け止め，どの部分を繋げ・支援していくのか。ケアプランを作成するにあたり，自分の"知りたい"気持ちが強く，相手の方を疲れさせてしまったりもした。またケアプランを実施した際，"やりたいことができれば良い"のではなく，"今の自分を受容できないご本人の複雑な思い"を知る大切さに気づいた。

> その際，自分は利用者の方の思いを10分の1も理解していなかったのだと感じた。利用者の方と関わっていくうえで，利用者の方が中心であり，いかに相手の立場になり，その思いを受容し，寄り添っていく姿勢が大事かを学んだ。また継続的に関わることで利用者の方の生活の一部に入ることができ，自分の関わりを通して笑顔になっていただけたり，ケアプラン実施で効果もあったりと，自分のような実習生でも短い期間であるが，利用者の方と関わる一人であり，良い影響を与えられる一人でもあると感じた。実習の後半はデイサービス，居宅介護支援，生活相談員について学んだ。デイサービスでは，もともとの関心事であった"利用者の方が自らの老いをどうとらえているか，考えているか"に対し，利用者の方の中には「人の迷惑になる前に死にたい」[*3]という発言もあり。複雑な思いを抱えていることを感じた。そうした思い，辛さを全て解消することは難しいが，その思いや辛さを一人で溜めこむことのないように声をかけ，辛さを表出してもらえるよう，関わっていくことが大事なのだと思った。さらにユニットでの反省点を活かし，その方の思いや行動を尊重し，見守りながらありのままの自分（実習生）でいることで，無理なく相手も楽しく，場も明るくできたように思う。デイサービスでは，元気そうに見える方でも，家族にとっての負担があることを知り，在宅で介護を担うご家族の思いも受け止めていくことが必要だと思った。居宅介護支援専門員業務や生活相談員業務を学んだことで，一人の利用者に対して居宅介護支援専門員が在宅介護の支援をし，相談員が情報収集や契約を交わし，家族や職員のパイプ役を果たし，施設介護支援専門員が支援計画を作成し，計画に沿って介護職員が関わり，栄養士や看護師，理学療法士も関わり，それぞれがそれぞれの役割を担いつつ，情報を共有していくことで安心してその方がその方らしく暮らすことができることを学んだ。現場に入ったことで，具体的にさまざまなつながりが見え，本当にチームのように感じられ，"チームケア"を理解することができたと思う。自分の学んだことは，本来現場でのごくわずかなことかもしれないが，実際に関われたことで，大学で学んだことの理解が深められた。これからは，今回の実習で学んだことを活かし，ここで学べた関わり方を忘れず，支援に必要な知識・スキルをさらに身に付けていきたい。

　ここからわかることとして，23日間・180時間以上の社会福祉士実習において，一日たりとも利用者の方の「声」を意識しない日は"ない"と言うことです。日々利用者の方の「声」と向き合い続け，利用者の方の"心の声"

を解読し，それをさまざまな職種の方々とさまざまなサービスに繋げていくことが「実習」であるということがわかったことでしょう。

日本社会福祉士養成校協会「相談援助実習ガイドライン」（案）によれば，社会福祉士実習を，次の8項目からとらえています。

① 利用者やその関係者，施設・事業者・機関，団体等の職員，地域住民やボランティア等との基本的コミュニケーションや，人との付き合い方などの円滑な人間関係の形成。
② 利用者理解とその需要の把握及び支援計画の作成。
③ 利用者やその関係者（家族・親族・友人等）との援助関係の形成。
④ 利用者やその関係者（家族・親族・友人等）への権利擁護及び支援（エンパワメントを含む）とその評価。
⑤ 多職種連携をはじめとする支援におけるチームアプローチの実際。
⑥ 社会福祉士としての職業倫理，施設・事業者・機関・団体等の職員の就業などに関する規定への理解と組織の一員としての役割と責任への理解。
⑦ 施設・事業者・機関・団体等の経営やサービスの管理運営の実際。
⑧ 当該実習先が地域社会の中の施設・事業者・機関・団体であることへの理解と具体的な地域社会への働きかけとしてのアウトリーチ，ネットワーキング，社会資源の活用・調整・開発に関する理解。

この8つの実習項目の各々は，相互に点⇔線⇔面として繋がり合っており，そのおおもと（原点）が，利用者の「声」なのです。

次に，利用者の方の「声」について，もう少し掘り下げ・考えていくことにしましょう。

（2） 実習中のエピソードをどう活かすか・そこから何を学ぶか
　　　──エピソードを綴った記録を通して
　ここでは前述の実習生による記録でも提起されていた，利用者の方からの「声」（前掲＊1～3）について，同様に焦点化している別の実習生（特別養護老人ホームで実習，3年生）が作成したエピソードを綴った記録を紹介します（内容の表現方法等を個人情報保護の見地から一部著者が変更）。

　1）実習10日目の事例から
　　　──無表情で話すＹさんのニーズが理解できなかった事例①

　　登場人物：私（福祉系大学3年生）
　　　　　　　　Ｙさん（利用者　女性　82歳，要介護度3，大腿骨骨折後歩行が困難）

　特別養護老人ホームでの実習10日目。利用者との会話にも慣れてきた頃の出来事だった。今回の実習では日ごと担当利用者が替わる形式だった。その日私が担当したＹさんとは，顔を知っている程度でほとんど会話をしたことがなかった。Ｙさんは下肢の筋力が低下していたが，車椅子を自分で操作し移動ができる。認知症ではないが，思い込みの強いところがあり，職員からは，普段居室にこもりがちで，他利用者と話そうとしない，他利用者と一緒にされたくない思いがあるように聞いていた。Ｙさんの隣に座り話しかけると，自分の家族の事や，ここに入所した経緯について話してくれた。話の内容は，食料がなかった時代に女手一つで子どもを育てたこと，施設に入るとは思っていなかったことなど，表情を変えることなく淡々と話していた。すると突然，「息子が言うのよ，私なんて死んじゃえばいいって……」と言った。そのとき，Ｙさんの視線がとても鋭く私の表情をとらえている気がした。私は，何か答えなくては……と思いながら沈黙してしまった。そして「そんなことないですよ」と小さな声で答えるのがやっとだった。気持ちが動揺していることを悟られないようにと内心焦っていると，Ｙさんは視線を

遠くに逸らしながらこう続けた。「私はね，もっと早く死にたかった……」「私が生きていても，何か意味があるのかしら……」。私は，Ｙさんがなぜそう言うのかわからなかったが，中途半端なことを言って気分を悪くさせたらどうしようと迷いながら，結局また沈黙してしまった。迷っている間に，フロアでは食事の準備が始まり，それ以上会話を続けることなく終了してしまった。

　これは，ある利用者の方のふとした"つぶやきのような言葉"に端を発した，そこに潜む主観的事実（ある出来事に対して抱く，本人なりの感情・思い・メッセージ）を"解読"しようと試みつつも，実際にはうまくできなかった出来事に対し，その後，徐々に"声に隠された課題性"へと気づきを発展させていくことになった事例です。

　実習生は，Ｙさんの言葉があまりに衝撃的であったため，その言葉を"受け止める"ことに時間がかかり，その間，Ｙさんに"沈黙"というメッセージを送信してしまいました。そして何とか答えようとしましたが，ふさわしい言葉が見つからず心残りな結末となりました。Ｙさんは実習生に何を期待したのでしょうか。Ｙさんの言葉の端々からは，"本当に辛い""自分に対して全く価値を見出せていない""体が思うように動かないため，今の生活に前向きになれない"というネガティブな思いが強く伝わってきています（＝パワーレスネスな状態）。無表情でそれを語るＹさんの姿には，どこかで既にあきらめているような様子も感じ取れます。まずはそうした思いを"解読した"という証として，言語化し返していく必要がありました。「とってもお辛かったのですね」「生きることに対して希望を見出せずにおられるのですね」……といったようなことです。

　ソーシャルワーク実践において初心者であるほど，自分の関わりや声かけが，相手の迷惑になったらどうしよう，怒らせてしまわないだろうか，答えにくいようなことを言われたらどうしよう……といろいろ考えるあまり，解

読できた内容でさえ言葉に出すことを躊躇してしまうこともあると思います。しかし"沈黙"は，具体的な言葉をともなわない分，相手に言い知れない不安を与えてしまうことにもつながります。Yさんのこうしたネガティブな訴えは，表出の仕方は異なっても，周囲の人にしっかりと"受け止められた"と実感できるまで，何度でも送信されていきます。重要なことは，汲み取った（解読した）利用者の方の思いや気持ちを支援に繋げ，利用者自身が主体的に"今"の生活を送れるよう援助することです。そのためにも援助者は，こうした利用者の方の"言葉にならない言葉"を解読（→アセスメント）し，その方にふさわしい支援を提供できるように調整していかなければなりません。

　また一方で，Yさんが，このとき発した言葉に隠された気持ちや，おかれた立場を掘り下げていくには，Yさんがどのような人なのか，今までどのように暮らしてきたのかを理解する必要もあります。過去の生活状況や現在の暮らしぶりを知ることによって，Yさんという人物像を深くイメージすることができるからです。具体的な手段としては，実習先で保管されているケース記録から生活歴や既往歴を理解したり，実習指導者に暮らしぶりを聞くこともできるでしょう。しかしどれだけ多くの情報・知識を持ったとしても，Yさんとの関わりが自分の思った通りにできるとは限らないのです。そうした情報や知識を，実習期間中に自分なりに収集した"今のYさん"といかに"統合"させられるかが"鍵"になります。

　人生の大先輩である高齢者は，戦争体験，食料のない時代，田舎に疎開した体験……等，豊かな時代に育った私たちには想像もし得ない体験を重ねてきておられます。そうした時代を生き抜いてこられた利用者の方が温め続けてきた，悲しみ・虚しさを，思いがけず話されることは意外と多く，皆さんが普段，友人や先輩，家族と話しているようにはイメージしづらいと感じることもあろうかと思います。そのとき，「どうしよう，困った」「何て言えば

いいんだろう」と困惑し，沈黙になりがちです。しかし事例の実習生のように，言葉につまり何も言えない状況に陥った場合でも，言葉以外で感じられる雰囲気，目の動き，姿勢等……隣に座っているだけでも利用者の思いを理解し，受け止めることは可能でしょう。その時，その場で汲みとった（解読した）利用者の思いや気持ちを一番に考え，その方の立場に立った支援を検討し，利用者ご自身が主体的に「今」を生きられる環境を整えることが重要なのです。

2）実習13日目の事例から
——無表情で話すＹさんのニーズが理解できなかった事例②

　Ｙさんとの会話から数日後，あの出来事以来，何となくＹさんのことが気になっていた私は，Ｙさんの様子をこまめに観察したり，他の利用者と散歩や手作業をする場面でも必ずＹさんに声をかけるようにしていた。おやつの時間になり，私がコップを用意していると，介護職員から布巾を受け取りテーブルを拭いているＹさんの姿が目に入った。車椅子に座ったままテーブルの周りを移動しているので，とても時間がかかり，決して楽なようには見えなかった。介護職員の方に「私が代わりにしましょうか」と尋ねると，「Ｙさんは両手が上手く使えるし，みんなの役に立ちたいと思っているの。だからこれだけはいつもお願いしているのよ」と言われた。それから少ししてＹさんを探したところ，フロアに姿は見えなかった。事務所の前を通りかかったとき，一人で下の階へと行き，ボランティアの方と一緒に花壇の水やりを行っていたＹさんを見つける。夕方になり，ケアプランを改めて閲覧すると，「Ｙさんが出来ることをしてもらい，生きがいを見つける」という目標が立てられていた。あのときの出来事に気をとられてしまっていた私は，Ｙさんが施設内外のいろいろな人達で支られていることを強く実感した一日であった。

　再び事例②の場面に遭遇した実習生は，さらにどのように学びを深めたの

でしょうか。事例①では，十分に利用者理解ができないまま時間が過ぎていってしまいました。しかし，その後実習生は，Ｙさんに対するこまめな観察や，ケアプランの目標と関連づけてＹさんの行動をとらえることで，また異なった次元での気づきを得ることができていったようです。事例中にもあるように，Ｙさんの暮らしが彼女に関わるすべてのスタッフで支援されているという"気づき"はとても重要です。介護職員は，一日の暮らしの中でＹさんにもできる"生きがい"につながる仕事はないか，そして人の役に立つことで"生きていく上での自信を取り戻せるのではないか"と考え，テーブル拭きをＹさんの"日課"として位置づけました。一方，生活相談員は，ボランティアの方に協力をお願いし，Ｙさんが四季の草花の世話をすることで"生きがい"を感じられるよう，Ｙさんがまさに"今"を生きられる環境を整えました。

　このように，利用者の方の暮らしを一つの側面からだけでなく，いろいろな側面から，しかも連続性を意識して理解していくことが重要なのです。さらに実習中は，実習生と利用者の方との関わりだけでなく，介護職員，看護師，医療関係者，栄養士，ボランティア，面会に来た家族，他の実習生，事務員等との関わりも体験し，それぞれの職種がどのように連携しているのかを，実際の現場を観察したり，業務の一部を担うことで学んでいきます。利用者の方を中心に，各職種のスタッフが専門的関わりを"繋ぎ合う"ことで，サービスがうまく重なり合い，その効果を何十倍にも膨らませていくのです。このように「実習」の過程は，日常の些細な場面，利用者の方のちょっとした一言を起点として，多くのことを学ぶチャンスがいくつもあるのです。

　また，普段の私たちは他人の力を借りることなく，当たり前のように自らの意志で情報を集めて判断し・考え・行動し，自ら権利を行使しています。しかし高齢期になり，身体的・精神的に生活のしづらさを実感している利用者の方にとっては，援助する側がそうしたサインを見過ごすと，十分に意思が尊重されない事態にもなりかねません。最期まで個人として尊重され，持

っている力を最大限に活用し，ご自身の思い通りに生活を送ることこそが重要なのです。Yさんのように，"自分に対して全く価値を見出せていない""体が思うように動かないため，今の生活に前向きになれない"ということから，ともすると自らの暮らしを主体的に創り上げる活力の低下している方（＝自立が阻害されている方）の権利を明らかにし，必要なさまざまな支援を活用する力を高めていくように支援していく活動を権利擁護といいます。権利というと，権利の行使，権利を振りかざす，等の硬く難しそうなイメージをもつ人も多いことでしょう。

　しかし，私たちの身の周りにはたくさんの権利が存在し，それを使うからこそ，自分の好きなように生活を送ることができるのです（「私は髪型をこんなふうにしたい」「黒っぽい服よりも明るい色の服を着たい」「音楽はクラシックを聴きたい」など）。たとえ誰かの支えを借りざるを得ないとしても，自分の好みや価値観を自由に表明できるよう支援し，そうした"思い"を尊重し，適切なサービスにつなげていくことが相談援助職の重要な使命（ミッション）です。そしてこのことがまさに「自立生活支援」なのです。自立支援の過程を通じて，その方の潜在的能力が発揮され，自信を持った暮らし方を手に入れ，自己実現を図っていくことが可能になっていくのです。

　実習は，自分が関わるすべての人々とどのように接したら良いのか，将来，相談援助を行うために他人とどのように関わったら良いのか，その態度を学ぶ場であると同時にこれまで自分が形成してきた人間関係を振り返る場でもあります。皆さんが普段，周りの人とどのようにかかわっているかが実習の場面でも問われることになるのです。他人の話を"聴く"ということはどういう"意味合い"をもっているのか。"受け入れる""寄り添う"とはどうい

うことなのかをしっかりと学んでいきましょう。
　ある実習生は，実習1週目のグループワーク（振り返り）で次のように発言しました。「デイサービスの利用者さんは，自分から話してくれたので，会話が続いてコミュニケーションが取れたけれども，特養の実習では話せない方がほとんどで，コミュニケーションが取れなかった」。
　この発言から実習生は，デイサービスの利用者とは信頼関係が築け会話が弾んだと感じたようですが，特養の利用者とは思ったように会話が成立せず困ってしまったと感じたようです。利用者の方と関わる際のコミュニケーションが，"手段"ではなく"目的"となってしまっていることがよくわかります。コミュニケーションは一体何のためにあるのでしょうか。その答えは，会話を通して，"その方を理解する"ことにあるのです。最終的な目的は「利用者理解」であることを忘れてはいけません。利用者の方との会話が楽しく弾む，会話が続く，結果として言葉を多く交わした，というだけでは利用者の方を本当に理解したことにはならないのです。会話が上手く続いている時には少しも疑問に思われなかったことでも，"悩んだからこそ気づく"ということもあるのです。
　言葉が見つからず気まずい思いをした場面，迷い・困った場面に遭遇した場合，まずは少し立ち止まって考えること，そしてそこから見えてくる"あらたな課題"の発見が，自分の立てた実習仮説にどう結び付いてくるのかを，常に考える習慣をもち続けることが必要なのです。またそうした一連の思考過程を，実習記録（逐語記録，エピソード記録等）として実習後に留めていくことで，皆さんが主体的にふりかえり学習を進めて行く"軸"になっていくのです。
　皆さんが実習の場面で体験したことを，楽しく・懐かしかった思い出として心のアルバムに閉じ込むのではなく，思い出とともに，出会ったたくさんの方々の「声」を，さらに事後学習の場を通じてさまざまな切り口で掘り下げ・活かしていっていただきたいと思います。

3 実習を終えて自分を振り返る

(1) 事後学習へつなげるために
1) 実習と事後学習は連続的である

　約1カ月に及んだ実習が終了すると，学生の多くは緊張感を緩めてしまいがちです。「とりあえず，実習は終わった。これで単位は安心だ」と，日常の学生生活に戻れることに安心してしまいます。もしくは，「たいへん現場で感動した。○○さんとの出会いは，非常に感動だった。今回の実習で，多くの利用者さんに元気をもらった」と，人間の温かさ感動・満足する学生も多くいます。

　しかし，実習は，このような単純なものではありません。たとえ，実習が終わっても事後学習へとつながっていかなければなりません。これを「リンケージ」といいます。つまり「事前学習・実習計画の作成」→「実習」→「事後学習」は，一連のプロセスでつながっており，すべて相談援助実習としての教育プログラムなのです（図4-6，次頁）。ですから，実習が終わったから「終わり」ではなく，むしろ，ここからが重要な教育プロセスが「始まる」といってもいいかもしれません。

2) 実習を意識化するには「思い出す」こと

　それでは，具体的に事後学習につなげていくには，どうすれば良いのでしょうか。それは，単純に「思い出す」ことから始まります。そのため，実習記録を丹念に読み返すことが重要です。

　ただし，実習記録を読み返していくと，「自分はできなかった」「失敗して指導者に怒られた」「利用者さんと上手くコミュニケーションが取れなかった」など，実習中のマイナス面ばかりを思い出してしまうかもしれません。もちろん，自分の「できなかった」「失敗した」こと等を振り返ることは重要ですが，多面的に実習中のことを「思い出す」ことが事後学習では求めら

図4-6　現場実習におけるリンケージ

　　事前学習　　　　　実　習　　　　　事後学習
（実習計画の作成）

出所：結城康博作成。

れています。

　例えば，「その時の利用者さんの真意」「職員（指導者）さんの意図」「実習中における，ある場面での自分の感情」等，実際に自分が体験したケア・技術・作業以外のことも意識していくことが重要です。

　実際，実習中は，目の前のやるべきことで精いっぱいで，冷静に周りを見たり感じたりすることはできなかったのではないでしょうか。職員や利用者から言われたことを，冷静に受け止めてゆっくり考える時間も少なかったと思います。その意味で，事後に実習日誌を読み返すことで，新たな自分としての「気づき」を意識できるようになるはずです。

3）意識の「ズレ」に気づく

　例えば，ある利用者との場面で，実習中は「〇〇だから，食事を嫌がっていた」と理解したとします。しかし，実習が終わってから冷静に，その時の場面を実習日誌を読み返しながら思い出していくと，その利用者の心境，人間関係，体調などを多面的に思い描くことで，食事が嫌がっていた理由を深く再認識できるかもしれません。

　実習中は，当たり前の価値観しか抱けず一方的な見方しかできませんでしたが，実習を終えて落ち着いた時期に振り返ることで，自分が気づかなかったことを発見できるはずです。これは実習だけに限りません。皆さん自身の過去の人間関係にも当てはまりますが，例えば，高校時代の「部活動の人間関係」や「恋愛」等，今，振り返ると「あの時の自分の解釈は違っていた」「自分は，もう少し，深く考えておけばよかった」といった経験があるはずです。

第4章　実習に向けて考えるべきこと・実習を通して深めるべきこと

　このように実習中と実習後の意識のズレに気づくことが重要となります。そのためには，実習中の体験や経験を思い出せる素材（実習記録）を，整理していくことが必要不可欠になります。

　もちろん，実習日誌に限らず，実習中のメモ，施設や機関のパンフレット等も有効な資料として活用できます。そのため，事後学習にあたっては実習関係の資料を丹念に整理しておくことが求められます。

（2）社会福祉協議会の実習を例に振り返る

1）イベントなどを通して

　また，実習を振り返るにあたって施設や組織でイベント（祭り等）等に参加したことを思い出すことも勉強になります。例えば，社会福祉協議会（以下，社協）で実習した場合，地域ぐるみのイベントに参加する機会があったのではないでしょうか。

　社協の実習は，受け入れてくれる機関の都合，授業の関係等から，5～11月頃までの長期間に渡って，さまざまなイベントに対してスポット的に関わらせてもらうこともありますが，8～9月の夏季休業期間で実施されることが多いようです。この時期の社協の活動としては，通常の地域福祉活動ももちろん展開していきますが，それとは異なる活動もいくつかあります。その一つが「夏祭り」への支援です。地域のさまざまな団体，機関，地域住民が関わって祭りは準備，運営されるわけですが，その途中の過程に社協が関わることもあります。

　例えば，ポスター作成，会場設営，出店の手配等々です。表向きは祭りの実行委員会が運営するということになりますが，その人たちも地域福祉を支えてくれている地域住民であるとすれば，「社協は関係ありません」というわけにはいきません。そうした雑用と思えるような業務の積み重ねが，地域住民との信頼関係や繋がりを築き上げていくことに結び付くことを考えれば，単なる雑用で片づけてしまっていいものではありません。そこで実習を行っ

ている学生も職員同様の業務に従事するわけですから，雑用をこなすのではなく，一つひとつの作業が地域福祉のパズルのピースのようなものと考えて取り組む姿勢が求められようかと思います。

　また，この時期には，各地域で「敬老会」が実施されます。

　その際，社協には祭りと同様に会場の設営や，招待状の作成・配布等の手伝い等が必要とされることもあります。そうした裏方の仕事はもちろんですが，挨拶や，場合によっては，歌を歌ったり，演芸を披露したりといったこと等も求められることもあります。「そんなことはできません」と言うことは簡単ですが，それによって壊れてしまった会場の雰囲気を修復することは容易ではありません。そのため，そうした場に相応しい歌の1つ，2つは用意しておくことも大切な準備でしょう。

　同じくこの時期に地域で開催されるものの一つに運動会があります。学校での運動会は家族，親類，近隣等の多くの住民の方が参加，見学にみえる大切なイベントです。準備等は学校やPTAで行われますが，当日の参加は，今後の地域福祉の関係性を築くためにもとても大切なことになってきます。「社協が来ていた」と思ってもらえるような印象づけがポイントとなってきます。しかしながら，ただやみくもに目立っていればいいというのではなく，依頼をされた競技等には積極的に参加させてもらうという姿勢が大切です。

　このように実習期間中には，さまざまなイベントに参加する機会があるはずです。その際に，イベントを運営している地域住民の人間関係等を思い返して，人と人とのネットワークを構築する重要性を認識することが求められます。

　2）学校の講義で習ったことと照らしてみる

　社協の実習が9～10月に行われる場合は授業で学んだ「赤い羽根共同募金」に関わることがあります。戦後，民間の福祉事業を支援するためにスタートした共同募金ですが，小学校等でも子どもたちへの福祉教育の一環として取り上げられたりしていますので，多くの学生がその存在を十分に理解

第4章 実習に向けて考えるべきこと・実習を通して深めるべきこと

していると思いますが，その裏方の様子を知るのは社協での実習に臨むときが初めてなのではないでしょうか。赤い羽根，啓発用のグッズ，領収書等のものを町会，自治会単位で世帯数ごとに仕分けをして，町会長，自治会長を招いての説明会の開催，各種質問等への対応をこなしていかなければなりません。仕分け作業は何百，何千という数の袋詰めを延々としていかなければならず，根気のいる作業になります。そうしたものも民間の地域福祉財源に繋がるという思いをもって取り組むことで，誠意のこもった取り組み方をすることができるでしょう。

　これは，このように授業で学んだ「共同募金」の活動を通して，より福祉の知識が実体験として自分のものになる，という一例です。

　社協での実習を終えた学生は他の実習先でも同じようなことが言えると思いますが，一つひとつのことを考えて行動することができるようになってきます。例えばお客さんへのお茶の出し方一つをとってもそうです。単に湯呑にお茶を注ぎ出すというものから，どうしたら飲みやすいか，ということを考えるようになります。会議の資料作成にしても，読みやすい資料作成の仕方はどうであるかということを考えながら，作成に取り組むようになります。こうした姿勢というものは社会人として常識的に身に付けていなければならないのですが，対人関係が重要な福祉の仕事では欠かすことのできないものです。

　また，毎日のように異なる地域住民と関わっていくので，さまざまな対人関係の経験を基に，基本的なあり方やさまざまなパターンを学習することができ，そのスキルも向上するでしょう。実習期間中はできるだけたくさんの住民の方と接し，自らの対人関係能力の向上を目指すことができるはずです。

（3）実習中に感じたこと・事後に振り返って感じたこと
1）自己覚知にもつなげる――グループで分かち合う

　さて，「自己覚知」という言葉は，既に皆さんも理解していると思います。

実際，実習中と実習後の自分の気づきを確認することは，この「自己覚知」にもつながります。実習を振り返ることで，自分という人間を見つめ直すことができると思います。
　例えば，初対面で利用者とコミュニケーションを取ろうと試みて，どうであったかを実習後に振りかえることで自分を知ることができます。「自分は人の話を聞くのが，不得手なのか」「支援の際にせっかちであったか」「雰囲気を読み取ることが難しいか」等，自分の性格や価値観を認識することができます。
　また，新たな「気づき」を得るためには，授業の演習を通して分かち合うことも有効です。自分で振り返り気づいたことを，実習に行った仲間とグループワークを通して分かち合うことで，さらなる「気づき」が深まります。仲間と話し合うことで，共通した課題や気づき，もしくは違った解釈等を意識化することができるのです。
　自分は「〇〇」のように振り返ったが，他の学生の振り返りを聞くことで，さらなる解釈を学ぶことができます。実習中は自分の作業に夢中で，他の実習生のこと等に気を配ることはできませんでしたが，事後学習を通して他の実習生の意識や解釈を聞くことで，多様な価値観の形成にもつながります。
　その際には，口語でわかりやすく自分の体験や振り返りを説明できる技術を身に付けていなければなりません。自分の体験は自分しかわかりません。他者に上手に説明しなければ，実際と違った情報でグループの議論が進んでしまいます。その意味では，しっかりと状況を思い出し，その時の利用者や職員の思いを的確に伝えられるようにすることが重要です。ただし，実習中に起きていない事実を勝手に作ることは許されません。ありのままを，上手に伝えられる能力が問われます。
　なお，その際にグループ内では非審判的な態度が求められます。ある学生の振り返りを聞いて，「それは解釈が違うのでは？」「対応が違っていたのでは？」という疑問を抱く仲間がいるかもしれませんが，その場面の雰囲気は

第4章　実習に向けて考えるべきこと・実習を通して深めるべきこと

発表者しか知りえないことですので，事後的学習における場面では，非審判的な態度が求められます。

　いずれにしろ実習を終えた仲間同士の分かち合いによって，さらなる実習後の意識づけが可能となり，この実習経験が自分の糧となっていきます。

2）利用者と援助者の感じ方の違い

　なお，実際の現場で利用者のニーズというものを具体的に考える機会があったと思います。そして，実習中，「アセスメント」のようなことも実践したのではないでしょうか。「アセスメント」とはケースの問題分析とニーズの把握をすることですが，相談援助のプロセスで最も重要なものです。

　ただし，利用者の生活ニーズを的確に把握することは難しいです。一般的に「ニーズ」とは専門家（援助者）から見たニーズと，利用者が感じるニーズの2種類があります。これら2つのニーズが調和され，リアル（real：真の）ニーズが導き出されると言われます。

　例えば，著者（元・ケアマネジャー）が在宅の高齢者現場で携わったケースですが，一人暮らしの高齢者がいました。この方は「身体機能的状況」としては杖歩行であるため，荷物が持つことができず買物に行くことが難しいのです。しかも，自立して生活したいと望んでいましたが，食材を手に入れることができず，「精神心理的状況」としてマイナスとなりがちでした。つまり，これらは「社会環境的状況」からみると，誰も援助してくれる人がいないことが要因として考えられたのです。このような場合，本人は単に買物に行くことができないため，困っていると感じがちですが，専門家はバランスのとれた食生活や閉じこもりの問題に焦点を当てるのが一般的です。当初，本人は買物だけを依頼するヘルパーサービスを望むかもしれません。しかし，専門家（援助者）は，外出によって身体機能の向上が期待されることや，食材を自分で選んで自炊する意義について説明しなければなりません。そして，単に買物を手伝う援助ではなく，ヘルパー等と一緒に買物へ出かけていくことを勧めていくのです。

このように実習中に単に利用者の要望がすべてニーズと考えがちだったことはなかったでしょうか。実習が終了して冷静に考えてみると，最初の利用者の要望はリアル（真）ニーズなのか否か等，「アセスメント」の深さを認識できるかもしれません。その意味では，利用者と援助者のニーズのとらえ方も事後学習で重要なポイントだといえます。

3）利用者の自尊心を考える

もう一つ，著者が現場で経験した事例を紹介しましょう。かつて担当した高齢者（男性）は，70代後半で杖歩行は可能だが移動面で多少の不自由をきたしていました。60歳で妻と離婚して子どももなく，全くの天涯孤独になっていました。年々，一人暮らし高齢者が増え続けるのにともない，社会的に高齢者の閉じこもりが大きな問題となっています。しかし，要介護状態になっても買い物や掃除・洗濯といった最低限のサービスだけを依頼し（ヘルパーサービス），どうしても外出しようとしない高齢者が増えています。特に，このようなケースは男性に多くみられます。

ただし，厚生年金で生計を立てており毎月18万円の年金収入もあれば，細々と贅沢はできないまでも十分に暮らしていけたのです。

著者が散歩やデイサービスに誘っても全く応じてくれませんでした。往診や週数回のヘルパーサービスを利用するのみで，外部の人との関わりを一切持とうとしません。2週間外出しない日も珍しくなく，テレビを見ているか寝ているかで，足腰の身体機能低下も懸念されました。ヘルパーの声かけにもほとんど反応せず，「どうせ自分は天涯孤独なので，たとえ死んでも誰も悲しまないから！」と寂しそうに言うのが口癖だったのです。

そこで，著者とヘルパーらは，何とか外出への動機づけを見出そうと過去の生活歴等を聞き取り，かつて趣味で「絵画」をしていたことがわかりました。その後，押し入れの中から本人が書いた「絵画」も見せてくれるようになり「昔は，かなり絵画教室に通って油絵なども書いたものだ！」と笑顔で話しくれるようになりました。ヘルパーがイラストや簡単なスケッチを書く

第4章 実習に向けて考えるべきこと・実習を通して深めるべきこと

ように本人に促すと，少しずつ書いてくれるようになったのです。著者は，要介護状態ながら「絵画」といった特技あるので，ボランティアで他の人に教えてみたらどうかと促し，はじめは消極的でしたが本人は前向きに考えるようになっていったのです。

　さらに，知り合いのデイサービス事業所に頼んで，月に一度「絵画」クラブを催してもらって，講師役にこの方に来てもらうようにしました。つまり，利用者といった立場でなく，講師役でデイサービスに行くように働きかけたのです。1時間程度のクラブ活動でしたが，他の高齢者の評判も良くその活動は続いたのです。

　そしてその方も月1回1時間のみでしたが，デイサービスに足を運ぶようになり，「昼食が食べられる」「入浴ができる」「マッサージを受けられる」といったことを知り，数カ月後にはデイサービスを週2回利用するようになったのです。

　閉じこもりの高齢者に社会参加を促す方法としては，サービスの受け手といった意識づけよりも，その担い手として協力を願い自然とサービスを利用させていくことも手段の一つとして有効なのです。

　人間誰しも特技はあるもので，人から頼まれれば自分が社会的に評価されているといった意識が甦り，閉じこもりがちな生活も変容していきます。「高齢者の自尊心」「プライド」に着目してアプローチしていくことで，その意識変容を促すことができると認識できたケースでした。

　皆さんも，実習中，どんなに働きかけても積極的に応えてくれない利用者がいたのではないでしょうか。数週間という短い期間で，そう簡単に利用者の意識を変容させていくことは難しいですが，本人の自尊心やプライドを大

切にしながら接していくことで，新たな道筋が描けることがあるかもしれません。

（4）事後指導の段階
1）気づきと指導
　一定程度，実習を振り返りながら仲間とも分かち合い，新たな「気づき」意識していくと，次に，事後指導の段階に移ります。詳細は，次章で述べますが，実習を振り返ることは，あくまでも自己学習の一環です。そのため，その振り返りや気づきについて，担当指導教員から指導を受ける必要があります。

　しかし，指導の段階になると，ある程度，自分の解釈や対応が不適切であったことを，教員から指導されることもあります。学習と指導は異なりますので，その点は理解しておくべきです。なお，指導に際しては，自分の疑問点などを教員へ投げかけていくことが重要です。場合によっては，実習先の職員の対応に疑問を抱き，明らかに間違っていると思うことは，しっかりと説明していくことも重要です。

　実習先の職員には，明確な意見・疑問点は言いにくかったでしょうが，学校の教員であれば問題も少ないでしょう。むしろ，実習先の問題点も分析できれば，自分の実習がより深まる可能性もあります。多くの実習先では熱心にサービスを提供している職員が多いですが，場合によっては不適切な対応もあったかもしれません。このような場合に，何が問題であったかを明確に整理しておくことが重要となります。

　実習先の職員が全て適切な対応をしているわけではありませんので，その点を分析し事後学習に役立てていくことも大切でしょう。

2）自分は福祉の仕事に適しているか？
　なお，実習を通して考えなければならないことは，果たして自分は福祉の仕事に向いているかどうかです。1カ月は何とか無難に実習をこなしました

が，これを仕事として選択するにはどうなのかということも考えていく必要があります。社会福祉士を目指して学校に入学したが，実際の現場を通して自分がこれらの仕事に適しているかどうかを考えることも重要です。その意味では，自分の将来を考える上でも実習後の振り返りは重要なことなのです。

参考文献
岩間伸之『支援困難事例へのアプローチ』メディカルレビュー社，2008年。
川村隆彦『価値と倫理を根底に置いたソーシャルワーク演習』中央法規出版，2002年。
佐藤俊一『対人援助の臨床福祉学――「臨床への学」から「臨床からの学」へ』中央法規出版，2004年。
社団法人日本社会福祉士会編『社会福祉士実習指導者テキスト』中央法規出版，2008年。
社団法人日本社会福祉士養成校協会編『相談援助実習指導・現場実習教員テキスト』中央法規出版，2009年。
淑徳大学総合福祉学部『相談援助実習（ソーシャルワーク実習）の手引き』2012年。
田中正道『ボイス――ソーシャルの力で会社を変える』日本経済新聞出版社，2012年。
谷川ひとみ・池田恵利子『ケアマネジャーのための権利擁護実践ガイド』中央法規出版，2006年。
早坂聡久・増田公香編『相談援助実習・相談援助実習指導』弘文堂，2009年。
深谷美枝編『ソーシャルワーク実習――より深い学びをめざして』みらい，2009年。

第5章　実習を終えて考えるべきこと・
　　　　今後の学びにつなげること

本章では，実習後の学びについて，特にスーパービジョン活用方法を紹介し，スーパービジョンを活用して実習体験を専門職としての現場経験に変えていく過程において，以下の点について，具体的に例示しながら，学びの深め方を一緒に考えていきます。

　① どのように体験を整理していくか。
　② どのように体験から得た実践感覚を大学等で学んだ専門知識と関連づけていくか。
　③ どのように多くの他人に理解を得られる知見として公開していくか。

　こうした学びの過程によって，実習での体験は専門的経験へと整理されるとともに，社会福祉士として必要な内省の姿勢を身に付けられるようになります。

1　実習が終わったら

(1) 実習終了の報告と実習先への挨拶
1) 実習終了の報告
　学生の皆さんは，実習が終了するとホッとしてしまいがちですが，その時点で「実習は終了」ではありません。
　まず，実習担当教員や実習教育センターに「実習が無事に終了したこと」を伝え，実習でお世話になった実習先に「礼状」を書きます。その際に，実習担当教員や実習教育センターから，書き方のアドバイス等も得られます。また，その「礼状」の中に，職員にお世話になった感謝の気持ちだけでなく利用児・者さんと関わったエピソードなどを取り入れる工夫も必要です。
2) なぜ実習終了報告が必要なのか
　なぜ実習終了報告が必要なのかを考える前に，なぜ報告が必要なのかを考

第5章 実習を終えて考えるべきこと・今後の学びにつなげること

えてみることにしましょう。実習でも仕事をする上でも同様に基本となるものは，「報告」「連絡」「相談」です。これらは略して「ホウ・レン・ソウ」と呼ばれています。実習は仕事と同様に一人の力でできるものではなく，実習先，大学等のスタッフみんなが力を出し合い，それによって支えられているからです。いずれにしてもチームワークが重要となるため，必要な情報を自分だけが抱えているのではなく共有していかなければなりません。例えば，実習先で何らかの理由で自分がミスをしてしまったとしましょう。このときに実習指導者や実習担当教員にすぐ連絡や相談をしていれば，被害を最小限に抑えることやトラブルを未然に防ぐことができます。もしも，自分だけで解決しようとして実習指導者や実習担当教員に報告しなかった場合，実習先から実習教育センターや実習担当教員にお叱りの電話が入り，大学等の信用を失うことになるかもしれません。

　「報告」は，実習を行う実習生の義務です。良い結果の時もそうですが，悪い結果の時も事実をありのまま伝えることが大切です。実習指導者や実習担当教員等に聞かれる前に自分から積極的に報告することです。

　「連絡」は，できるだけ早く正確に伝えることが重要です。実習指導者や実習担当教員との間で情報を共有できていなければ，良い実習成果につながりません。どんな些細なことであっても自分で判断するのではなく，まずは連絡することです。具体的な手段ですが，実習指導者には実習中なので直接連絡することができます。また実習担当教員に連絡する場合は実習教育センターに電話連絡します。そうすると実習担当教員に連絡が行くようになっているので，確実に連絡することができ安心です。なお，大学等によってはメール等で直接実習担当教員に連絡できるようになっている場合はその限りではありません。

　そして「相談」です。問題やトラブルに対して自分の思いだけで判断してしまうと大きなトラブルになりかねない場合があります。問題やトラブルになりそうであれば，早めに実習指導者や実習担当教員に相談しなければなり

ません。さらに「ホウ・レン・ソウ」と並んで大切とされているのが「確認」です。つまり，「報告」「連絡」「相談」それぞれの場面で，繰り返し「確認」することが未然にミスを防ぐことにもつながります。こうした点から「ホウ・レン・ソウ」が大切なことを理解することができたでしょう。

　したがって，実習終了の報告が大切なのは，実習が個人的なつながりではなく，大学が組織的なつながりの中で行っているものだからです。卒業後に社会人として仕事をするに当たってのトレーニングとしても実習終了の報告は重要なことです。いずれにしても，実習終了の報告は，実習担当教員や実習教育センターへの直接の報告，メールや電話等による報告，書類の提出などが考えられますが，指定された通りの報告をしましょう。

3）実習先への挨拶

　実習先が実習生を受け入れている理由を考えてみましょう。実習先は実習生が将来，福祉施設等の福祉現場に就職し，その業務に就いてもらえるよう，実習を通して現場に必要となる専門職の養成に協力しようと考えているからです。この点を理解することで自ずと実習先への挨拶の必要性が理解できるものと思います。また，当然のことながら感謝の意味も込められており，「礼状」の内容もそのようなことを反映しなくてはなりません。

　こうした実習先への挨拶の必要性を理解して，実習先への「礼状」では，具体的に指導を受けたことや学んだことへのお礼を述べるとともに，今後に活かす抱負や決意等を伝えます。つまり，「礼状」は各自が実習中に感じたことや感謝の気持ち等を取り入れながら心を込めて書くことです。自分の言葉で，実習の体験から具体的にどんなことを学んだか，またどのようなことが勉強になったか。さらに印象に残った出来事はどんなことであったか等にもふれることです。そして，最後に自分の抱負や決意を書くことをすすめます。

4）礼状の書き方

　礼状を書く際に注意すべき点について述べます。

第 5 章　実習を終えて考えるべきこと・今後の学びにつなげること

図 5-1　封筒の宛名の見本

[封筒表面]
切手
□□□□□□□
東京都△△区○丁目○○番○号
　社会福祉法人○○会
　　××ホーム施設長
　　　　○○○○様
　　　　他職員ご一同様

[封筒裏面]
□□□□□□□
○○県△△市××町
　○○大学
　　○○花子

自分の住所は書いてはいけません。

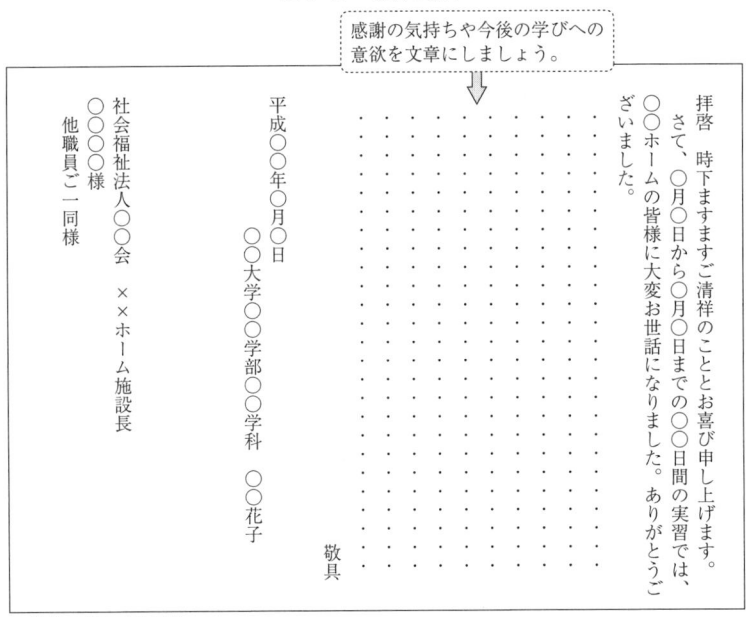

出所：相談援助実習研究会作成。

図 5-2　礼状の見本

感謝の気持ちや今後の学びへの意欲を文章にしましょう。

拝啓　時下ますますご清祥のこととお喜び申し上げます。さて、○月○日から○月○日までの○○日間の実習では、○○ホームの皆様に大変お世話になりました。ありがとうございました。

……………………………………

敬具

平成○○年○月○日
　　○○大学○○学部○○学科　○○花子

社会福祉法人○○会　××ホーム施設長
　　○○○○様
　　他職員ご一同様

出所：図 5-1 と同じ。

①　手書き・封書が原則

ハガキよりも封書で，封筒や便箋は白い無地もの008で書きましょう。パソコンで打つよりも手書きの方がより気持ちが伝わります。

②　誤字脱字に注意

誤字，脱字に注意することです。必ず，下書きをしてから清書し読み直すこと，あるいは他者に読んでもらうこと等が大切です。修正液の使用は避け，間違った場合は新しい便箋に書き直しましょう。

③　礼状の宛先

『「社会福祉法人○○会　××ホーム施設長（園長，学園長，協議会会長等）○○○○様」（行を変えて）「他職員ご一同様」』とします（図5-1参照）。

④　礼状の差出人

実習生個人の住所を書かずに，大学の住所を書きましょう（図5-1参照）。

⑤　特にお世話になった場合

実習指導者に特別お世話になったと思えば，別に実習指導者宛に「礼状」を書き，気持ちを伝えるのが良いでしょう。

⑥　グループごとに代表が出す

1カ所の実習先に複数の学生が同時に実習へ行った場合は，グループで誰か代表で「礼状」を書いて出せば良いでしょう。同じ実習先に2グループが別の期間に実習をした場合は，そのグループごとに「礼状」を書きましょう。しかし病気やその他で特に個人的にお世話になった場合は，グループとは別に書いた方が礼儀作法にかないます。

⑦　自分の言葉で書く

各自が実習中に感じたことや感謝の気持ち等を取り入れながら，自分の言葉で心を込めて書くことです。具体的に実習でどんなことを学んだか，またどのようなことが勉強になったか。さらに印象に残った出来事はどんなことであったなどを書くことをすすめます。

⑧ 礼状送付の時期は実習終了後1週間

　実習先への「礼状」は，少なくとも実習終了後1週間以内には出しましょう。日が経ってしまってからでは，せっかく礼状を送っても効果があまり期待できません。実習の直後は，この実習で学んだことを今後の勉強に活かしたいという思いや，職員にお世話になった感謝の気持ち，利用児・者さんとの関わりで学んださまざまなことが皆さんの心を一杯に満たしていることでしょう。その感謝や今後の学びへの意欲を，そのまま素直な文章にしましょう（図5-2参照）。

（2）各種提出物

　「礼状」を書くことと並行して，実習終了後には提出物があります。この提出物は大学によって異なりますが，一例として「実習日誌のまとめの項」「出勤簿」「評価票」などを提出物として想定してみましょう（表5-1参照）。
　「実習日誌のまとめの項」には，実習指導者の総括コメント等の記載がありますので，実習終了後にできるだけ早めに実習指導者の都合の良い日を確認して，実習先に訪ねて実習指導者に直接提出することが望まれます。郵送すると遅れや紛失等のトラブルにもなりかねませんので注意が必要です。また「出勤簿」には，実習先の公印等が必要となりますので，直接，施設に取りに行ってください。また実習教育センターに直接提出する場合や書留等郵送による場合もありますので，各大学等の指示にしたがってください。さらに「評価票」は，実習先から郵送で後日送られてくることが一般的です。
　「実習日誌のまとめの項」の実習総括は，実習先の実習指導者が文章で評価してもらうことになっています。また「評価票」は，数値とともに文章で

表5-1　提出確認チェックリスト

チェック項目	可　否
礼　状	
実習日誌のまとめの項	
実習日誌	
出勤簿	

評価されています。大学によっては,「評価票」の閲覧が許されている場合とそうでない場合とがあります。できれば,自己評価との関係からすれば,閲覧可能になっていることが望まれます。

Q：実習先への「礼状」が書けないのですが,どうしたら良いでしょう。

A：正式な手紙を書くことの習慣が少なくなっている現状では,こうした悩みも学生から相談を受けます。「礼状」の書き方は,さまざまな本が出版されているので参考にすると良いでしょう。次に,実習で利用児・者とのかかわりで印象に残っていることや気づいたことや学んだことを思い出しながら箇条書きにし,それを基に「礼状」を書くことをすすめます。

2　実習後の学び方

(1) なぜ実習事後学習を行うのか

これまでも繰り返し述べてきたことですが,実習を体験してもそれを単に個人的な思い出に留めてしまっては,時間とともに記憶が風化し,利用児・者や地域住民との関わりの中でも,印象深かった体験がその時に抱いた感情とともに学生生活の一場面として残るだけです。実習に臨む前,教員や実習指導者から事前学習の必要性を伝えられても「自分なら,やれば(体験すれば)なんとかなる」「本を読むより,体験してみるのが一番」と勉強しない

言い訳をしていませんでしたか？ あるいは，実習が始まっても「大学では学べない体験ができている」という表現をする学生さんを多く見かけますが，その体験について本当に大学で学んでいなかったのでしょうか？ それとも，学んでいたことについて実際に体験しているのに，机上の学びで得た知識や視点を忘れてしまっている，あるいは，考えながら行動することが苦手なので，知識と体験を関連づけることが難しかったのでしょうか？ 果して，本当に「体験すれば，わかる」のでしょうか。

　社会福祉は「実践の学」といわれます。テキストや大学の授業で展開されている内容は，皆さんが実習を体験した現場の実践を積み上げ比較検討して，整理したから得られた知見なのです。言い換えれば，今現場で展開されている実践が明日のテキストの材料となっていきます。さらにいえば将来の皆さんの実践がその先の後輩たちのテキストの内容となっていきます。

　また，「ソーシャルワーカーは育てられたように，利用者に関わる」ともいわれます。この社会福祉士の養成課程，つまりはソーシャルワーカーの養成課程で皆さんがどのように周囲の教員や実習指導職員と学びを共有したかということは，皆さんにとって将来，実際仕事として支援に臨む際，利用児・者との関係形成の原体験となっていくといえるでしょう。

　したがって，実習が終わったこれからの学びは，実習の緊張感から解放されるとともに，身近にいる実習体験を一緒にした仲間や，随時助言をしてくれる教員とともに個々の体験を振り返り，その体験を社会福祉の理論と関連づけ（リンケージ）ながら専門的経験として将来の実践基盤となるよう皆さんの中に蓄積していく過程ともいえます。一人ひとり体験してきたことは異なっても，利用児・者のどのような特性をどのように判断（アセスメント）し，自分の関わり方を想定して（プランニング）関わった（インターベンション）のか，それを評価（エヴァリュエーション）して内省することは，社会福祉士として，実習の振り返りを通じて自己覚知やスーパービジョンを体験するだけでなく，自分自身の体験を可能な限り客観的に振り返ろうとすることで，

支援過程を振り返る（モニタリング）を疑似体験することにもなります。第4章のPDCAサイクルを思い出してみましょう。

　さまざまな社会福祉現場で，現場の仕事や支援を直接・関節的に体験することで，皆さんの中にいろいろな思いをともなった振り返りの材料が，数多くたまっていることと思います。ただそれは成功体験ばかりでなく，失敗体験もあり，自分一人で敢えて引き出しから取り出して，もう一度その場面を思い出してみることが辛くて難しいことも少なくないでしょう。また，自分では「上手くできた」つもりの体験が，利用児・者の成育歴や生活歴，あるいは自分との年齢差，さらに要支援特性等，少し距離を置いて考えてみると，残念ながら自己満足だったり，独りよがりだったりすることもあります。

　もちろん上手くできたことを自信にしていくことも，実習を体験していく上で大切なことです。実習に行く前のさまざまな学びが実習での体験によって実感をもって皆さんの中に蓄積されるのは望ましいことです。ただし，支援を必要とする利用児・者や機関や施設，あるいは地域社会等の社会福祉の現場が対峙している課題は簡単に理解したり解決したりできることばかりではありません。皆さんが，「上手くいかなった」「良くわからなかった」と感じて当たり前といえるでしょう。大切なのは，その体験を基にどのように学びを重ねて，実習での体験を単なる思い出にとどめず，社会福祉士としての専門性を培う基盤づくりの材料にできるかどうかにあるといえます。表現を変えていえば，自分自身で「上手くできなかった」「勉強不足だった」という気づきがたくさんある実習は，その気づきを次の学びの機会へと継続することができれば，良い実習（体験）をしてきたとも評価できます。

　肝心な事は，思考を連続させて個人的な体験や思いを専門職としての現場体験や考察に洗練・精査させていくことです。社会福祉士は実習から実践へと，こうした思考の仕方を習慣づけていくことで，その人らしい社会福祉士になっていくことができるといえるでしょう。"その人らしさ"は単なる個性ではなく，個人的な体験を専門性に照らしてその人の内面に蓄積すること

第5章　実習を終えて考えるべきこと・今後の学びにつなげること

で醸し出される，専門職らしさであるべきだといえます。

（2）実習事後学習の展開方法

さあ，せっかく現場の利用児・者，地域住民の方々，実習指導者の方たちが提供してくださった体験を将来専門職として，あるいは一市民として社会福祉の実践やその理解につなげていくために，どのように皆さん自身の中に蓄積してくのか，その方法をいくつか紹介しましょう。

1）実習体験の言語化

まず，個人的な振り返りの方法としては，実習の体験を言語化（文章化）する方法があります。最初は体験したことをありのまま，自分の感じたまま，あるいは，今自分が活用することのできる知識をできるだけ活用して，自分自身の体験を自己評価しながら振り返ってみましょう。そして事後報告の"レポート"の形式でまとめてみましょう。第3章で紹介した，「エピソード記録」を引用してもかまいません。ただ，「エピソード記録」は逐語記録の形式になっているので，後から思い出して書くことは難しいかもしれません。実習中の体験でその時は，上手く言葉にできなかったのだけれど，もう一度考えてみたい事，よく理解できなかったので誰かに助言してもらいたい事など，あいまいなままでかまいませんから，"事例"や"レポート"の形で文章にしてみましょう。

2）助言の活用

実習体験が言語化できたら，大学の実習指導の教員とその体験を共有して，助言や学びに関する示唆をいただきましょう。あるいは，実習に行った仲間と，体験したことを披露し合って，助言し合うのも良いでしょう。このように自分の実習体験をありのままに他人に伝えて（開示）して，自分よりも専門的知識や経験の豊かな人に助言してもらうことを「スーパービジョン」。同じような体験をした人同士が体験を語り合い，学び合うことを「ピア・スーパービジョン」これにスーパーバイザーが加わる場合を「グループ・

スーパービジョン」といいます（「相談援助の理論と方法」のテキストで復習しておきましょう）。

　社会福祉士は常に自分の実践を，自分自身が獲得した専門性をスケール（物差し）にして，利用児・者の生活課題の改善・解決に何らかの効果やメリットとなりうる支援であったのかどうか，自己評価をします。特に，上手く支援できなかった場合などは，どこに要因があったのか可能な限り客観的に評価を加える内省的姿勢が必要です。

　しかし，こうした姿勢や力はなかなか自分自身の努力で身に付けることができるものではありません。私たちはとかく，自分には甘く他人には厳しくなりがちです。あるいは，一生懸命取り組んだことほど，良い評価を求めがちで，時に真摯な助言も批判されたように感じ素直に受け入れられなくなってしまいます。このような戸惑いや葛藤から自由になること，自分の弱さを受け入れることを，支え手伝ってくれるのがスーパーバイザーです。

3）スーパーバイザーの必要性

　社会福祉士の仕事は他人の人生のさまざまな場面で，その人のプライバシーに深くかかわり，その選択に大きな影響を及ぼすことさえあります。人の人生に関わり，影響を及ぼしてしまうことに，おそれを抱くとともに，仕事で他人の人生や課題と関わるにあたっては，まず自分自身と率直かつ真摯に向かい合い自分を知っておくことが必要な仕事であるといえるでしょう。実習後の振り返りは，今後の実践に備えて，独りよがりに陥らない振り返りの方法，内省の視点を身に付ける機会でもあります。ソーシャルワーク実践は，単にその人の生活課題やその解決過程をアセスメントしたりエバリュエーションしたりと他人を評価するばかりでなく，そこに自分がいかに関与したのか自らをも評価することができて，初めて"その人らしいソーシャルワーク実践"の積み上げが可能となるといえるでしょう。

　では，具体的にスーパーバイザーとともにどのように実習を振り返ったら良いのか，いくつかポイントを挙げてみましょう。

（3）スーパーバイザーとともに振り返ってみよう——実習終了後の面接

実習が終わったら，あまり時間をおかずに実習指導の教員とともに，実習を振り返ってみましょう。その際には，実習計画書，実習ノート，実習終了レポート，さらには巡回指導や帰校指導の際の記録等を持参し，自分の体験をより具体的な材料としながら，一つひとつの場面で，自分が何を感じ，何を思い，何を考え行動したのか，もう一度自分の言葉で表現してみましょう。スーパーバイザーである実習指導の教員の手元にも，学生の指導・助言の記録が残されています。時にその記録や教員の側がもった印象が皆さんが言語化した体験と一致しないこともあります。その差異や違和感を学生と教員が話し合い，共有し合いながら，丁寧に振り返っていくことで学生の個人的な主観的な体験が，専門的かつ客観的体験へと明確化され，さらには，専門職としての体験の一歩へと整理されていきます。

1）ありのままの体験を自分なりに率直に開示してみよう

実習中はさまざまな体験をしたことと思います。その時，その場面では精いっぱい努力したこと，あるいは自分なりに「これで良い」と判断して行ったことが，後から大学で学んだ知識と関連づけて（リンケージ）ゆっくり考えてみたり，実習仲間の同じような体験での異なる判断や教職員の話を聞くと「あれで良かったのか？」と不安になることもあると思います。そして，自分なりに「良かった」と思えることや，自信のあることは人に話しやすいかもしれませんが，良かったのかどうか自信のないこと，ましてや，「間違っていたかもしれない」と思うことは，なかなか人に話しにくい（開示しにくい）ことと思います。特に教員に対しては，「こんな事話したら"叱られ

る"かもしれない」と話す事をためらう人も少なくないようです。

　しかし，実習は社会福祉の支援のプロフェッショナルであるソーシャルワーカーになるための学びの過程の一場面です。上手くできない事，わからない事，迷うことがあって当たり前といえます。なぜなら，これまでも述べてきたようにソーシャルワーカーの支援は，他人の人生やプライバシーに関わる仕事ですし，その人生は皆さんが経験したことのない，時に想像もできないような事ばかりですから，簡単に理解したり，関わったり，ましてやそこにある課題の解決に寄与できるとは思えません。むしろ，未体験の事，未知のことにそれまでの大学での学びを駆使しながら挑戦していくのですから，試行錯誤は当たり前，時に失敗しながら学ぶ過程となるのは当然のことでしょう。

　実習後の学び合いは，何かが上手くできたかどうか他人と比較して，実習に優劣をつける場ではありません。また，上手くいかなかったことがあって当たり前ですし，自分の，あるいは，他人の上手くいかなかった体験を皆で考えることによって，一人ではなかなか気づくことが難しい，多様な視点からのアプローチを話し合うことができることに意義があります。もちろん，実習前の学びや準備が効を奏して，上手くいったこと，できたこともいろいろあったことでしょう。それはそれで自分の自信とする（セルフ・エンパワメント）と良いと思います。また仲間同士，お互いの上手くできた事を評価し合って，自信にしていく体験も，専門職同士のチーム・アプローチやチーム・エンパワメントの体験の機会でもあります。

　ただし，これまでの多くの学生たちの実習体験を見ていると，「できた事」ばかりでなく，むしろ「できなかった事」「上手くいかなかった事」が多くあるのが，相談援助実習だといえます。言いかえれば，国家資格をともなう専門職に求められる高い専門性についての実習ですから，学生の皆さんが簡単に対応できない事があって当たり前といえるでしょう。そして，落ち着いて丁寧にその「上手くできた」つもりの場面を思い出してみると，利用児・

第5章 実習を終えて考えるべきこと・今後の学びにつなげること

者の方たちの協力や職員の方の見守りがあったことにも気づくことでしょう。第3章第5節（3）の事例で紹介したDさんのように，実習で今まで気づかなかった自分自身と出会うこともあります。実習の成果は皆さん一人ひとりのものですが，その過程には多くの方の協力があってなりたっているものです。体験の場面，場面で皆さんの実習が有意義なものとなるよう，協力をして下さった方たちへの感謝を忘れずに，少し勇気をもって自分自身の体験を率直に言葉にしてみましょう。体験したこと，そして，感じた事，思った事を言葉にして知識や助言と関連づけて考えていくことで，実習の体験は個人的な体験から，専門職を志す学生としての経験へと洗練されていきます。

これまで繰り返し述べてきたように，実習は実習期間が終わったら学びが終わるわけではありません。「現場」では体験することで精いっぱいで，大学で学んだ知識と関連づけて考察したり，その場その場の専門性に見合った課題を自分の力で発見しながら実習を進めていくことは難しかったことと思います。そこで，体験したことを記憶や記録に学びの材料を溜める事ができれば一定の成果といえるでしょう。例えば，実習中のさまざまな資料を整理して第4章で紹介した「9つの領域ボックス」（119-121頁）をもう一度チェックしてみても良いでしょう。実習中と実習終了後では気づくこと，自己評価が変化することもあるかもしれません。こうして思考を継続していると，自分自身の変化にも気づくことができます。この"変化への着眼"は利用者の変化に気づくことにもつながっていく大切な力となります。

2）実習中に体験した感情の揺れや不安を表現してみよう

実習中の体験は率直に言って，楽しい事ばかりではなかったであろうと思います。自分でも理由がよくわからないのだけれど，利用児・者の言動に腹が立つなど，思いがけない怒りの感情に囚われたり，あるいは，利用児・者の家族や親戚の言動が許せなかったり，その時は相手に対して怒りや正義感をもっている自分が正しい，あるいは，常識的な考え方をしていると思っていたことでしょう。

また，なぜかとても気になる利用児・者がいて，その人と会話したい，笑顔をみたいと頑張りすぎてしまったこともあったでしょう。その一方でどうしても苦手で近づくことや，コミュニケーションをとることが難しかった利用児・者もいたかもしれません。大学での学びでは「利用児・者に公平に関わることの必要性」あるいは「利用児・者との適度な距離を保つことの必要性」等を学んできました。また，バイスティックの原則にあるように，「統制された情緒的関与」や「意図的な感情表出」の必要性も学び，専門職として自分自身の感情を統制して関わることの必要性は十分学んできたはずです。しかし，"公平"や"距離感"，"統制"や"意図"は簡単なことではなく，さまざまな場面で感情が揺れ動き，時に立ちつくし，涙がこぼれ，怒りにこぶしをふるわせたりしたと思います。

　まずは，そんな自分自身の中に溢れてきてコントロールすることが難しかった，さまざまな感情（感じた事）をありのまま言葉にしてみましょう。言葉そのものの善し悪しを評価する必要はありません。否定的な感情や差別的な表現も，その場面，場面で自分自身の内面に，表現や態度として表れたものまで素直に語ったり書いたりしてみましょう。

　例えば，特別養護老人ホームの実習で「介護放棄で施設利用になった利用者の腰の褥そうの傷口から白いものが見えて"ギョッと"した」という記録を書いたとしましょう。"ギョッと"という表現は，感覚的でその人しかわからないニュアンスの表現（主観的表現）ですが，そのとき実習生は確かに"ギョッと"したのでしょう。それを無理に，"愕然とした"といったような表現に変えないで，その時実感した自分自身の心身の状態を具体的に表現してみましょう。「人間の肉が裂けたり，爛れたりしているのを初めてみた」「肉の合間から骨が見えていることに恐怖を感じた」「怖かった」「自分まで

第5章 実習を終えて考えるべきこと・今後の学びにつなげること

痛いような気がして涙が出てきた」「鳥肌が立った」等。その場面を自分自身の記憶に基づいて自分の中に再構成して，そのとき感じた事を思い出して表現してみましょう。

　実習後の学びとして大事なのは，なぜその場面で，自分自身がさまざまな感情に囚われたり，揺れたりしたのか，一つひとつ丁寧に考えて，皆さん自身の"自分らしさ"とまず出会うことです。それは，皆さん自身の生育歴とも関連しているでしょうし，実習までの社会福祉に関する知識や技術，そして価値観の定着度とも関連しているでしょう。個人的な体験と大学での学びの到達度がその時点で学生の中に統合されたもの，皆さんが表現可能なもの，それがソーシャルワーカーとしての現時点の"自分らしさ"です。果たしてどんな"自分らしさ"と出会うことができるでしょうか。ただし，その"自分らしさ"もあくまでも現時点での"自分らしさ"であり，今後の学びの深め方で，専門性に厚みや柔軟性が加わり，実践へ活用可能な"ソーシャルワーカーらしさ"に洗練させることができます。

　こうしてソーシャルワーカーが自分自身と率直に向き合って，自己評価をこころみていくことを内省といいます。実習は実習自体がソーシャルワークの試行の機会であるだけでなく，実習に関連する学びが，ソーシャルワーカー，そして社会福祉士らしい思考の巡らせ方を体験していく機会でもあります。

3）個人的体験を実習経験として社会福祉士としての振り返りへと洗練してみよう

　次に，語ったり，文章化した体験を実習担当教員（スーパーバイザー）とともに，振り返り，評価を加えて個人的体験から専門職としての経験へと整理していきましょう。この整理のプロセスは，なかなか簡単に進めることはできません。記憶と記録を丁寧に辿って，可能な限り正確に場面を再構成して，スーパーバイザーとともに追体験をして，一つひとつ専門知識と関連づけながら全体に援助場面としての専門性による奥行をもたせることによって，立体的にとらえ直すことが必要です。単なる場面ではなく，その場面の意味や

意図を理解した上で，そこにいる自分自身やそこで自分自身が試したこと，抱いた感情を思い出すことによって，その場面で自分がした本当の意味での実習体験が具体的に理解可能となります。第3章第5節（1）の事例で取り上げたようにAさんが体験した職場と職種の関係や役割や機能もスーパーバイザーの解説や助言と関連づけて考えてみると，理解が異なってくることもあります。

　自分一人の力では，気づくことのできなかった場面の意味や利用児・者の立場や想い，あるいは職員の関わりの企図をスーパーバイザーとともに，多様に想定，比較検討して可能性を模索してみましょう。自分の記録や記憶だけでは，うまく絵を描くことのできなかったジグソーパズルの空白のピースが，少しずつ埋まって全体像が浮かび上がる事でしょう。時に，自分が漠然と思い描いていた，あるいは思い描く事ができないために，本当は空白な部分にも絵があるようなふりをしていた体験が，明確に描き出されていくこともあります。

　スーパーバイザーは皆さんが実習を体験した場所には同席していません。つまりは，実際にその場面を見ていないわけですが，なぜ，あたかも見ていたかのように，皆さんが思い出せなかったり，気が付いていなかった部分に光を当てることができるのでしょう。それは，社会福祉の支援が，ソーシャルワークの専門性に拠って実践される専門的支援だからです。そこに展開される専門性の基盤である「知識」「技術（方法）」「価値観」はそれまでの実践結果を積み上げ，精査して言語化してきたものですから，どの現場，場面にも共通する要素があるのです。その共通する要素，つまりは専門性に基づいてスーパーバーザーは皆さんの体験をひも解き，不足している（潜在化している）記憶を浮かび上がらせたり，利用者のストレングスへの着眼や課題への気づきなど，その実践に必要な視点を指摘することが可能となります。

　スーパーバイザーによりわかりやすく助言をしてもらうためにも，以下のような作業を繰り返し試みてみましょう。実習中はいろいろな体験をしてい

第5章 実習を終えて考えるべきこと・今後の学びにつなげること

ますから、一度にすべての体験をわかりやすく整理することができるとは限りません。一つひとつの課題に丁寧に焦点化して体験を振り返ってみましょう。一つひとつの体験を適切に整理して言語化し、知識との関連づけができると、スーパーバイザーの助言がなくてもある程度自分の力で内省することができるようになります。実際に仕事をする場面ではいつもスーパーバイザーが側にいてくれるわけではありませんから、こうした専門職らしい内省の姿勢を身に付けておくこともソーシャルワーカーとして、あるいは社会福祉士として仕事をする際、必要な基盤形成でもあります。

───── 振り返りの手順 ─────

① ありのままに語る・書く
・エピソード記録を材料にしても良いでしょう。
・レポートや事例を作成しても良いでしょう。
・実習を体験した仲間たちとの語り合いも良い機会です。
② スーパーバイザーの質問に応えながら、場面を詳細に再現してみる
・自分では記憶していても、言語化できない（潜在化している）体験や情報を言語化（顕在化）してみる体験をしてみましょう。
・自分ではそれほど大切ではないと思っていた情報が利用児・者理解や支援関係の評価に必要な場合があります。体験的に専門職が着眼する情報について理解してみましょう。
・この振り返りの過程を大学での援助技術の学びと関連づけて、自分自身の支援基盤の到達度をできるだけ正確に"自己覚知"してみましょう。
③ そこでの自分自身の言動を、感じた事、思った事、考えた事に整理してみる。
・既述したように、学びの機会である"現在（今）"を活用して、いろいろな自分自身の言動、特に苦手な事や、不安な事を素直に表現してみましょう。
・感じた事と思った事はどちらかというと主観的な評価です。考えた事は本来知識と関連づけた客観的思考のはずですが、ただ語尾に「…と考えた」と表現しているだけで、根拠のない主観の場合もあります。
　「…のつもり」は実習の振り返りに限らず、よくあることです。スー

パーバイザーや仲間の力を借りて，より正確な"自己覚知"を試みてみましょう。
④ 再度スーパーバイザーに，体験を開示して助言を得て，細部に修正を加える。
・上記の過程を経て，不足する情報を補ったり，主観や客観の区別を明確にして，再度実習経験を開示してみましょう。
・実習体験が詳細で整理されたデータとなったことで，スーパーバイザーからはより専門的な助言や示唆を受けることができます。助言や示唆について，さらにスーパーバイザーとディスカッションを重ね，自分の実習の到達度や課題を明確にしてみましょう。

4）実習の課題をテーマ別に整理をして振り返りを深めてみよう

　さあ，振り返りの材料ができました。それでは，具体的に実習での体験を専門知識と関連づけて考察を加えていきましょう。焦点化する課題は一人ひとりの体験の中にも多数・多様に存在していると思います。以下の項目を参考に，自分の体験の中から，振り返ってみたい課題を少なくとも一つずつ見つけてみましょう。

　スーパーバイザーに示唆や助言を求める場合は，まず自分なりの意見や考え（仮説）をまとめてから質問するようにしましょう。ただ，これまでも述べてきたように，時に言葉にならない思いや，どう表現して良いかわからず，質問が難しい場合等には，率直に「うまく言葉にできないのですが…」「なんと表現して良いかわからないのですが…」と今の自分の状態を伝えながら（自己開示），示唆や助言を仰ぎましょう。スーパーバイザーは，皆さんが表現が難しいことを例示したり，感情を表出することを促したりして皆さんが話しやすい交互作用を提供してくれます。

　ここでスーパーバイザーと体験する交互作用は将来皆さんがソーシャルワーカーとして利用児・者と体験するであろう交互作用の一つのモデルでもあります。そして，実習をきっかけにした発展的な学びの機会でもあります。

第5章　実習を終えて考えるべきこと・今後の学びにつなげること

スーパーバイザーへの働きかけの視点について，一部例示しますので，スーパーバイザーに，体験を開示する際の参考にして下さい。

①　職場実習として

社会福祉の職場として，あるいは個々の領域，例えば，高齢領域とか障害領域，あるいは児童，公的扶助の領域，さらには，施設実習，在宅実習，地域実習等の実習形態ごとに，ソーシャルワーカーが働く職場としての実習についてどのような体験をしたのか，思い出してみましょう。

実習先で職員の様子を観察したり，会議に陪席させていただいたり，資料を見たり，あるいは，他の機関・組織等との連携の様子を知ることによって，社会福祉実践の職場，社会福祉士の職場について，どのようなことを感じ・思い・考えたのでしょうか。これまで大学で学んできた実習先の職場としての機能や役割は，妥当な理解でしたか。あるいは，実習前に知りたいと考えていた職場の実情に触れる，知る，理解することはどの程度できたのでしょうか。見聞を言語化して，自分の理解の妥当性を確認してみましょう。

②　職種実習として

皆さんが実習した施設や機関，団体ではソーシャルワーカーはどのような部署に所属し，どのような呼称で呼ばれ，どのような役割や機能を担っていたでしょうか。そしてそれは，皆さんが大学で学んできた機能や役割と一致していたでしょうか。また，他の実習先で実習してきた仲間の体験と比較してみて，ソーシャルワーカーの働き方は，どの職場でも同じものだったのでしょうか。第3章第5節（2）の事例で取り上げたC君のように，それぞれの現場でソーシャルワーカーが活用する資源には共通性と特性があります。仲間の体験から間接的に学ぶこともたくさんあるでしょう。

個々の実習先のソーシャルワーカーの機能や役割とともに，職場との関連で変化するソーシャルワーカーの機能や役割についても理解し，自分自身の体験がソーシャルワーカーの仕事のどのような場面のどのような機能や役割について期待された働きであったのか，理解を修正しながら，自分自身の課

題を見つけてみましょう。

③　ソーシャルワーク実習として

実習の主題ともなる課題です。皆さんは将来，社会福祉士の国家資格をもってどのような社会福祉士になり，どのようなソーシャルワーク実践をしていきたいのでしょうか。それぞれ自分が思い描く理想像があると思いますが，ここではまず，基本の定着度の確認をしてみましょう。特に，相談援助実習としての振り返りは，大学で学んだ，社会福祉の専門知識・技術（方法）・価値観について，具体的に自己評価を加える機会となります。

以下のような視点を参考に，相談援助の基盤の習得への具体的な取り組みを自己評価してみましょう。

a．専門知識の活用
・スーパーバイザーとの面接や課題をまとめる際，適切な専門知識・用語を活用（言語化）できた。
・実習現場で見聞したことを言語化する際，適切な専門知識・用語を活用できた。
・実習現場で体験したことを言語化する際，適切な専門知識・用語を活用できた。
・実習現場で自分自身がソーシャルワーク実践を企図して試行したことを言語化する際，適切な専門知識・用語を活用できた。

b．相談援助技術（方法）の活用
・スーパーバイザーとの面接や課題をまとめる際，実践の試行を意識した内容を適切な専門知識・用語を活用（言語化）できた。
・実習現場での介入の試行にあたって，アセスメントは適切にできた。
・アセスメントに基づいて，実習計画等を念頭において，意図的に行動できた。
・可能な限り，ミクロレベル，メゾレベル，マクロレベルの支援を試行

できた。
- 試行したことについて，記録や面接を通じて実習担当職員や巡回指導の教員の助言を活用できた。
- 助言に基づいて，再度意図的に利用児・者に働きかけることができた。
- 実習全体を「過程」として見渡す視点をもちながら体験を重ねることができた。

c. 価値観の体現
- 利用児・者の個別化を試みることができた。
- 利用児・者主体の言動を維持できた。
- さまざまな場面で，人権の尊重や権利擁護の視点を維持できた。
- 実習先の社会福祉サービス，ソーシャルワークサービスとしての理念を理解できた。
- 権利擁護の仕組みや視点について理解できた。

5）事後学習としての実習報告書や実習報告会への取り組み

　実習の事後学習については，一般的に大学から実習報告書の作成や実習報告会への参加が課題とされます。その他に大学独自の課題や指導教員の判断で課題が加えられる場合もあります。スーパーバイザーとともに振り返った成果を実習報告書や実習報告会で再度公開し，多くの方から評価をいただきましょう。社会福祉士の実践は，自らの実践経験を開示して助言を得ることで洗練されていきます。皆さんも少し勇気をもって自分自身の実習体験を開示して，現場での実習体験を活かした学びに厚みを付けていきましょう。その厚みは皆さんの支援や考え方のバリエーションとなって将来の実践力の強化へと繋がっていきます。

　また，自己の実践を開示する習慣を身に付けておくと，仕事をするようになった時も，皆さんの判断や支援が独りよがりに陥ることを防ぐだけでなく，自分では気づかない視点を支援に加味することで，支援の多様性が広がりま

す。

（4）体験した実習を自分なりに評価してみよう——自己評価への挑戦

　スーパービジョンを活用しながら，面接記録や事例やエピソード記録を材料に自己覚知に挑戦してみましょう。記録を材料にして，専門的助言や視点と関連づけて振り返ることによって，そこに顕在化した自己の学習課題について，実習中の体験と事後の学びを関連づけることが可能となり，ソーシャルワーカーとして，さらには，社会福祉士としての相談援助実体験の振り返りができるようになります。あわせて，実習報告書や実習報告会のテーマへと収斂していくことができます。

　実習中のエピソード記録には，実習体験の一場面が逐語記録の形式で書かれていることと思います。自分なりに，ありのままを記録するよう心がけたことと思いますが，一部記憶の記録への転記もれや，記憶の潜在化，あるいは，必要な情報の確認の漏れ等があるかもしれません。そこで，ここでは以下のシートを活用して，エピソード記録の中に必要な情報が洩れなく表現されているか確認してみましょう。

　従来は医療領域で開発された POS（Problem-Oriented System Record）方式の記録法が社会福祉の記録でも活用されてきましたが，社会福祉の実践にあてはめた場合，不足・不具合が生じます。そこで，この POS 方式を応用し社会福祉の専門性に応じた方式の記録法が模索され POS が記録の要素とした，利用者の主観（Subjective date），ワーカー側の主観（Objective date），計画（Plan），つまり SOAP に，アセスメントに代わって行動（Action）を入れ，印象（Impression），目標（Goal）を加えた SOAIGP 方式が提起されるようになりました。

　本書では，さらに一部修正を加えて，より社会福祉実践に適した情報の共有化，振り返りに適した，記録法を提案してみたいと思います。記録は表 5-2 を活用して情報に漏れがないように意識すると，エピソード記録とし

第5章　実習を終えて考えるべきこと・今後の学びにつなげること

表5-2　自己評価スケール

確認項目	評価の視点	自己評価
Focus ―焦点	記録の主題が明確に書かれているか	
Motivation ―動機	なぜ，その場面に着目したか明確になっているか	
Subjective ―主観的情報	利用者の訴えや行動など主観に基づく情報が書かれているか	
Objective ―客観的情報	ケース記録など客観的データ，職員からの助言などが書かれているか	
Assessment ―判断・評価	ＳとＯを比較検討した結果の判断・評価が明示されているか	
Action ―行為・活動	Assessment に基づいた関わりかけ，あるいは，その場の言動が記されているか	
Reaction ―反応	自らの行為に対する利用者の反応が記されているか	
Impression ―印象	支援者の主観的気付きも"主観"として書き記す	
Evaryuation ―評価	その場面の交互作用の専門知識と関連づけた自己評価	
Goal ―到達目標	評価に基づき顕在化した実習の目標の明示	
Plan ―実習の計画	実習の目標を達成するための当面の課題の明示	

出所：稲垣美加子作成。

て，さらには，メモや記憶をもとに作成した事例（データ）としての正確さ，客観性を増すものと考えられます。必ずこの要素を満たせば，良い記録が書けるというわけではありませんが，記録を書く時，あるいは記録に書き漏らしがないか確認するとき，これらの項目を活用すると便利です。

実習の振り返りでは，実習記録やエピソード記録を題材にして，記録だけ

でなく，その場面を事例としてとらえた時，着眼や情報収集に不足がなかったか，ソーシャルワーカーとしての視点や知識の活用の到達度としての評価スケールとして活用しても良いでしょう。

　また，記録を確認することによって明確になった自分自身の利用児・者との関係形成はどのようなものだったのかについては，表5-3を活用して支援関係の力動を自己評価してみましょう。実際に利用児・者と関わっている場面では関わることで精いっぱいだったかもしれません。中には記録できていなかった，あるいは，記憶しようと意識できなかった要素もあるかもしれません。体験したすべての場面ですべての項目が評価できるわけではありませんし，実習の初期と終了時を比較してみると，実習生の落ち着きや利用児・者との関係によっても評価が可能な項目の増減があるものと思います。いずれの場面もその場，その場のありのままの自分です。スケールをコピーして，場面ごとに評価して比較してみると，自分の変化がより明確になるかもしれません。率直に等身大の自分自身と出会ってみましょう。

3　実習後の実習成果の報告と分かち合い——仲間とともに

(1) 個人報告——実習報告書の作成

　実習報告書は，皆さん一人ひとりが既述したような課題に焦点化して自分自身の実習をエビデンスベイスドで振り返ってみる方法の一つです。実習の課題の中でも特に印象深かったり，自分なりに挑戦してみたい課題など，テーマを絞って実習記録やエピソード記録，自立支援計画や事例，そして日々の実習のメモ等から，参照できるデータ（エビデンス〔実証にたる事実〕）を集めてみましょう。

　せっかくこれまで，スーパーバイザーの助力を得て，自分の実習について，丁寧な振り返りをしてきましたから，その振り返りの中からテーマを選ぶと良いでしょう。事後学習の成果を自分なりに多くの人に開示してみましょう。

第5章　実習を終えて考えるべきこと・今後の学びにつなげること

表5-3　関係形成の自己評価

振り返り項目	視　点	自己評価
責任（Commitment）	社会福祉士の倫理綱領などを参照し，責任を自覚して行動できたか	
関心（Concern）	利用児・者，地域，住民の生活課題に適切な関心を寄せることができたか	
把握（Catch）	利用児・者のニーズや地域に発生している課題を把握できたか	
接触（Contact）	発見したニーズに方策を講じて関与することができたか	
矛盾（Contlibiction）	望ましいとされる実践と実際体験した支援との矛盾を受け入れられたか	
葛藤（Conflict）	様々な行動に伴って生じる葛藤を挑戦的な動機にかえられたか	
挑戦（Charente）	不安や苦手意識を克服して，課題に挑戦できたか	
カタルシス（Catalysis）	様々に生じた否定的な感情を整理したり，乗り越えたりできたか	
創造（Creation）	出会った課題を乗り越える方法を自分なりに創造することができたか	
関連（Connection）	体験を大学の学びや指導者の助言と関連づけることができたか	
ケアリング（Caring）	自分なりに創造した関わり方で課題に関与できたか	
調和（Congruence）	関わり方を誠実に自己評価できているか	
達成（Concrete）	自分で設定した課題を遂行できたか	
構築（Constrict）	体験に考察を加えて専門的基盤として内在させることができたか	

出所：ジョナサン・パーカー／村上信・熊谷忠和監訳『これからのソーシャルワーク実習』晃洋書房　2012年，63-64頁に著者が加筆・修正し作成した。

実習報告書の書き方はさまざまですが，一例を示してみましょう。

【構　成】
1．はじめに
　・この報告書で何に焦点を当てて考えたいのか
　・課題設定の理由
　・必要であれば，倫理的配慮についての説明
2．実習先の概要と実習内容
　・プライバシーに十分配慮すること
　・スケジュールや日課ではなく，相談援助実習として何に取り組んだかを明示する
3．実習中の課題とその達成度
　・実習計画の要旨をまとめる
　・全体としての到達度と，個別課題の到達度を自己評価
　・その中でも実習報告書のテーマをなぜ選出したか経過を明記
4．課題に関わるエピソード
　・エピソード記録からの抜粋
　・エピソード記録などを参照した事例
5．考察
　・実習担当職員，教員などからのアドバイス
　・大学での学びや実習報告書を作成する際活用した文献の引用などと関連づけた考察
　・自分なりの自己評価
6．課題
　・今後の大学での学びの課題
　・社会福祉士としての将来の課題

> 実習先の日課などを転記すると同じ実習先の学生はみんな同じ記述になってしまいます。自分なりの実習のテーマに沿って概要をまとめて書いてみましょう。

> "評価"は具体的な根拠（Evidence）をもとに判断するよう心掛けましょう。

> 守秘義務を意識し，研究倫理に基づいた情報管理をすること！

> 関係者への謝辞を忘れないようにしましょう。

（2）グループ報告──実習報告会の準備

　実習での体験はそれぞれの領域や実習先の業務，あるいは利用児・者の特性によってさまざまだと思います。しかし，そこでまず，利用児・者あるいは，地域住民に出会った時，駆使するのはコミュニケーション技術です。そして，障害領域の実習に行っていても児童領域の知識が必要だったり，福祉事務所の実習に行ったら救護施設のケアワークを体験したりと，まさにソーシャルワーカーとしての知識・技術・価値観を柔軟に体現・試行していくことが求められます。

　また，存命・死別の相違はあっても，すべての人には家族がいます。「人と環境とその交互作用に機能する」ソーシャルワークは，利用児・者にとって一番身近な環境である家族にアプローチしますし，施設も地域に存在していることを考えると，どの領域でも利用児・者が日々の暮らしを営む地域の事を環境として視野に入れることはソーシャルワーカーの構想する支援の枠組みとして，当然の視点といえます。そして，そこではミクロ・メゾ・マクロレベルの援助技術を利用児・者や課題に併せて試行していきます。言い換えれば，ジェネラリスト・ソーシャルワークの展開が，知識・技術の両面から問われ，ソーシャルワーカーとして，そして，社会福祉士としての人権尊重の揺るぎない価値観の体現が問われているともいえるでしょう。

　したがって，皆さんは実習で，領域や対象が異なっても社会福祉士としての支援の基盤である知識・技術・価値観の試行・体現については，共通する体験を数多くしているものと思われます。実習報告書の作成等を通してスーパーバイザーとともに，自分自身の実践体験を掘り下げていくことも大切な学びですが，国家資格である社会福祉士としての力量を高め，ソーシャルワークの知識や技術の理解を深めていくためには，いくつかの領域の体験を重ねて，社会福祉全体に共通する知識や技術と領域・対象個々の特性に応じた支援の必要性を比較検討しながら理解を深めていくことが必要になります。

　現状の社会福祉士の相談援助実習体制では，体験できる実習先は多くても

2カ所の実習先に留まります。自分自身の体験の振り返りだけでは，こうした実習先ごとの相違と普遍性を考える機会は十分とはいえません。仲間と体験したことや，学びの成果を交換し合うことで，他者の体験と自分自身の学びと比較検討しながら思考の枠組みに多様性を持たせていくことが，少ない経験からの思い込みや学びの偏りを防いでくれることにもなります。

　また，同じような体験をしていない仲間に自分の体験を通じて感じ・思い・考えたことを伝えよう，わかってもらおうとする作業過程も，自分自身の実践体験を振り返ったり，適切な表現を見つけるために知識に厚みを付けたりする良い機会にもなります。自分だけで自分自身の体験を振り返っていると語ったり，書いたりしている言葉の合間を記憶で埋めて「言語化したつもり」になっていることがあります。同じような体験をしていない相手には，この"合間"は"合間"，つまり説明の不足としてしか理解されません。仲間の問いに応えていくことが"つもり"状態を抜け出る機会となります。

　さらに，社会福祉士には，その倫理綱領に研究の力を付ける必要性が謳われています。社会福祉は「実践の学」であり，リッチモンド以来実践結果を論証することによって専門的理論を生み出してきました。皆さんも社会福祉士過程の学びの仕上げにおいては，研究的要素を体験していくことも必要となります。仲間との話し合いによって，さらに皆で探求したいと考えたテーマについて，実習経験の共通課題や事例，職員や教員からの助言や示唆等を材料に共同研究を展開していくことも，社会福祉士としての専門性を培うために必要な学びのプロセスとなります。グループの仲間の共通の興味・関心について，自分たちで研究仮説を立案し，仮説の論証：研究に取り組んでみましょう。

　このグループでの課題の抽出や検討の過程の体験が社会福祉士には不可欠なチーム・アプローチの試行にもなります。話し合いの機会をケース・カンファレンスに参加するつもりで，自分の体験を実践感覚の糧としてチームの話し合いに臨んでみましょう。社会福祉士はその業務において単独で仕事を

第5章 実習を終えて考えるべきこと・今後の学びにつなげること

することはごくまれです。共に支援に取り組む仲間と話し合いによって，共通理解や合意形成していく過程を体験することで，将来のチーム・アプローチに必要な専門性を身に付ける事が可能となります。

これまで紹介してきた振り返りの方法を活用してその成果を研究としてまとめてみましょう。

【研究過程】：チームで協働することを学びながら体験してみよう
1．実習体験の共有化
2．共通課題の焦点化
3．スーパーバイザーの活用
4．研究への展開
5．検　討
6．資料作成
7．プレゼンテーション
8．振り返り

（詳しくは，大学生向けの研究方法の解説書や卒業論文，レポートの書き方の参考書を活用すると良いでしょう。）

(3) 学びの報告――実習報告会

　実習報告書を書いたり，学生同士で学び合ったりして実習体験の整理ができたら，実習報告会を開いて多くの方にその成果を伝えましょう。お世話になった実習先の職員の方たちや皆さんの学びを支えて下さった方，これから皆さんのように実習現場で体験学習に臨もうとしている後輩等に，実習を通じて今現在たどりついている学びの成果を披露してみましょう。

　これまでも述べてきたように，実践は開示して評価を得て洗練されていきます。多くの人に披露すること（開示すること）は，単なる"報告会"ではなく，専門職としての説明責任（Accountability）を果たすためのプレゼンテーションの練習の場でもあります。これまでの学びの成果を十分活用して，単なる思い出や感想を述べるのではなく，「相談援助実習」「社会福祉士にな

るための実習」として何を学び得たのかを"報告"してみましょう。

　報告内容は実習報告書の内容に説明を加えて報告しても良いですし，グループ研究の成果を発表してもかまいません。大学によっては，公開討論（シンポジウム形式）をとる場合もあります。どちらを題材にしても，あるいはどの形式でも不特定多数の人に自分の体験や伝えたいことを可能な限りわかりやすく，正確に伝えるためには，資料の作成の仕方，発表の方法にも工夫が必要です。これまでの学びの成果をもちよって発表時間と内容を考えて，発表方法や資料を考えてみましょう。

　学生の皆さんにとって，人前で自分の学びの成果を発表することは初めての経験で緊張や恥ずかしさを感じることも多いでしょう。短い時間に必要なことを順序よく発表するのは簡単ではありません。発表にあたっては，原稿を用意すると良いでしょう。原稿を用意する際，これまでの学びの成果をまとめるとともに，以下のような事柄も合わせて表現すると良いでしょう。

1）学ばせていただいた現場への感謝を伝えよう

　実習報告会は皆さんの実習の成果を披露する場であるとともに，実習に協力して下さったすべての方たちにその感謝をお伝えする機会でもあります。皆さんにとって資格取得のために必要な実習も実習先の利用児・者，職員の方にとっては生活の場や職場に見知らぬ人を招き入れる，時に煩わしかったり，少なからず迷惑をおかけする訪問にもなりかねません。多くの方のご協力や配慮によって達成された学びですから，その成果を大学だけでなく社会的に認めていただけるレベルや形式で公開することは，皆さんの責務ともいえます。もちろん，その後の国家資格取得のために試験勉強に精進すること，

第5章　実習を終えて考えるべきこと・今後の学びにつなげること

資格取得後も専門性の向上のために努力を続けることも同様の責務といえます。

一人ひとりの利用児・者の方に「ありがとうございました」とお伝えする事は困難ですが，実習報告書の作成や実習報告会の形でその想いを伝える事が必要でしょう。実習報告会の発表の冒頭，または最後に一言感謝の言葉を付け加えるのを忘れないようにしましょう。

2）学びの成果を分かち合おう

実習報告会は必ずしも実習生全員がその成果を発表できるわけではありません。社会福祉士の養成課程の定員が少なく，グループ研究の成果を発表する場合であれば，実習生全員での発表も可能ですが，多くの大学では，同じ領域で実習した学生のグループごとの発表，あるいは各々のグループを代表する数名の学生によるシンポジウム形式の発表になります。この場合は，代表する学生がそれぞれのグループの領域による学びの特性をプレゼンテーションしながら，実習での学びの成果を発表することになります。

人前で発表するのは数名ですが，この数名は個人的な体験を発表するのではなく，体験を題材に仲間とともに学んだ成果を仲間を代表して発表することになります。したがって，実習報告会はその準備段階，発表を通して，共に実習に臨んだ仲間と，そして，これから実習を体験する仲間と，実習の成果を分かち合い，参加している一人ひとりの学生が発表するしないにかかわらず，それぞれの立場で，社会福祉士としての次の段階の学習課題を発見する機会ともいえます。

3）個々の課題を提起してみよう

実習報告会は人前で発表した人だけでなく，他者の体験を聞いたり，その発表への質問や助言を聞くことによって，自分自身の体験を振り返る新たな視点を得ることができます。その新たな視点から再度自分の実習体験を振り返ることで，新たな自分の課題に気づく機会でもあります。言い換えると，社会福祉実践は同じ体験でも視点や立場を変えると評価の着眼点が変わって

きて，新たな成果や課題が顕在化してきます。

　ソーシャルワークの支援は「（利用者が）100人いれば100通りの支援がある」と言われますが，社会福祉士が100人いれば100通りの着眼や発想があることもあります。もちろんそこには，利用者主体，人権の尊重という普遍的な視点が前提となりますが，支援者側の着眼や支援方法のストックの豊かさが支援のバリエーションとなったり，利用者との支援関係が利用者一人ひとりによってことなるコラボレーションを生み出すからです。

　実習報告会が終了すると，それで実習の一連の過程が終了となりがちですが，実習報告会での成果を仲間とともに分かち合うことこそ，自分自身の体験や学びの成果を確認する良い機会といえます。実習報告会の後に授業が設定されている場合はその授業の機会に仲間の意見に耳を傾け，自分の新たな視点を伝えてみましょう。また，実習報告会の後に授業が設定されていない場合等，インフォーマルなかたちでかまいませんから，仲間と話し合う機会を作ってみて下さい。

　社会福祉の学びは実践して考え，考えては学び，そしてまた実践に臨むことの繰り返しになります。その際，実践が独りよがりに陥らないよう，社会福祉士としての最初の現場体験である実習の段階から実践して考え，考えては学び，そしてまた実践に臨む習慣を意識づけておきましょう。こうした習慣が皆さんが支援に悩んだとき，その活路を見出す思考方法となります。そして，また過去の経験や成果にとらわれないことによって，利用者に多様な支援の選択肢を提示することができる社会福祉士になることができます。

　実習報告会は学生時代の大切な思い出の一場面であるとともに，皆さんにとって社会福祉士として社会にその専門性と責任を開示する最初の体験ともいえるでしょう。

第5章 実習を終えて考えるべきこと・今後の学びにつなげること

参考文献

パーカー,ジョナサン／村上信・熊谷忠和訳『これからのソーシャルワーク実習
　　──リフレクティング・ラーニングのまなざしから』晃洋書房,2012年。
白澤政和・米本秀仁監修『社会福祉士　相談援助実習』太洋社,2009年。
副田あけみ・小嶋章吾編『ソーシャルワーク記録』誠信書房,2006年。
宮田和明・川田誉音・米澤國吉・加藤幸雄・野口定久・柿本誠・石河久美子編集
　　『社会福祉実習』太洋社,1998年。
福山和女・米本秀仁編『社会福祉援助技術現場実習指導・現場実習』ミネルヴァ書
　　房,2002年。

第6章　次のステップに向けて

本章では，皆さんは学生から社会人・職業人へとステップアップしていくという観点から，相談援助実習の意義や学んでほしいこと，考えてほしいことを取り上げます。

　具体的には，第1節で，信頼関係を結んで人を支援する仕事を目指す皆さんに考えてほしい大切な事柄を取り上げます。

　続いて第2節では，相談援助実習自体がインターンシップであり，実習を通して十分な基礎的職業能力を身に付けると，将来の進路選択の幅を広げることにつながることを学びます。

　そして，第3節では，将来の社会福祉専門職を目指す皆さんにとって，卒業まで継続して学習することの大切さを強調すると同時に，継続学習の課題の見つけ方を学びます。さらに専門職としてのキャリア形成や生涯学習の必要性を取り上げています。

1　実習の学びを活かす

（1）信頼関係を結んで人を支援する仕事

1）実習の学びを今後の生活に活かす

　実習を終えた皆さんは，どんな気持ちや感想を持っているでしょうか。1カ月余りの期間，与えられた初めての場に身を置き，実習の活動に集中し，自分のことではない他人である利用者のことを真剣に考え抜く経験をしたことから，多くの発見をしたのではないでしょうか。中には，社会福祉の仕事の奥深さと面白みを感じ，将来の就職先を具体的に思い描いた人もいるでしょう。また反対に社会福祉の道を選ばず，異なる分野にすすみたいと方向転換を考えた人もいるかもしれません。しかし，どのような考えや思いが浮かんだ場合も今回の実習の体験によって，自らのことを考える大きなきっかけとなったといえるのではないでしょうか。

　そしてそこでは，他者のことを考える経験の中で自分自身に気づき，自分

を知る機会になったかもしれません。そしてまた，初対面の人と接する難しさや，利用者のみならず現場の職員の方々との人間関係の構築の難しさに直面したことにより，自分の課題を考えた人もいるでしょう。

本節では，さまざまな実習での学びを整理，確認し，今後の生活にどのように活かす事ができるのかということを考える材料を提供していきたいと思います。

2）信頼関係を結ぶということ

ソーシャルワーカーは，利用者の持っている潜在的な力を引き出しながら支援を展開していることを実習を通して理解したと思います。そしてさらに，支援の展開過程に利用者からソーシャルワーカーが信頼を得て，それを深めていくことが必須条件ともなっていることを理解したのではないでしょうか。それは，ソーシャルワーカーが利用者に助言する際，ソーシャルワーカーがいくら利用者の立場に立って考えたことであっても利用者が信頼していないソーシャルワーカーに対し，聴く耳を持てないという事態が生じるということです。ソーシャルワーカーが利用者から信頼を得るように尽力することは重要ですが，その一方からだけで信頼関係の構築ができるわけではありません。そこで，ここではむしろ，ソーシャルワーカーが真に利用者を信頼するということについて考えてみたいと思います。

自信がなく不安な状況で支援を求めてくる利用者に対し，ソーシャルワーカーはどんな状況にある利用者であってもその人自身の可能性を見出し，その可能性に働き掛けながら支援計画を立てて実践を行っていきます。そこでは，ソーシャルワーカーがその利用者自身に信頼を寄せることが前提となり，また，信頼を寄せることにより利用者の可能性が見え，利用者もソーシャルワーカーの信頼に応えるかのごとく，どんな困難な状況であろうとも支援の目標の達成に力を注ぎ，努力を惜しまない態度がつくられ，課題解決に近づくわけです。

このようにソーシャルワークは，ソーシャルワーカーと利用者の相互の信

頼関係構築が基礎となって支援が展開されていることを改めて確認することができます。そして，信頼関係が支援の質を決めると言っても過言ではないのです。また，信頼関係はできた，できないという結論的に考えられる種類のものではなく，信頼は，徐々に深まっていくという積み重ねで深さが増していくものといえます。このように支援は，対人関係の信頼が土台となっているのです。

ある実習生から実習後に「実習の指導者から『あなたにお願いする』とある業務を任されたことが大変嬉しく，ミスをしないように頑張った」という報告がありました。なぜ嬉しかったのでしょうか？　それは，実習生自身を信頼してくれた証しの言葉だったからに他なりません。信頼し任せてくれたからこそ，「頑張ろう」と実習生もやる気をさらに出し，やったことのない仕事に全力でチャレンジしたわけです。一方，実習指導者は，出会って1カ月に満たない実習生の力に賭けて（可能性を信じて）初めての業務を依頼したわけです。この関係から実習生は，実習指導者の期待に応えながら実習において，知識や技術を増すことができていきました。このような実習生が実習中に知識や技術を深めていく様子を見て，実習指導者はますます信頼を重ねていく結果となりました。

この例は，利用者とソーシャルワーカーの援助関係に置き換えることができるのではないでしょうか。たとえ知識と援助技術を持っていたとしても，対人関係において信頼し，信頼される関係が築けなければ支援の展開は行き詰まる結果となるでしょう。

この実習を通して，信頼関係の構築がなされた実感を持つ人は，その経験を自信としてさまざまな人との関わりにチャレンジしてみてほしいと思います。

3）自らが支援の道具となるソーシャルワーカー

ソーシャルワーカーは，いわゆる道具や支援のための手段を持たずに仕事をしているといわれ，自分自身そのものが重要な道具となります。例えば，

医師は治療のために高度な精密機器等を使いこなしています。精密機器等を使いこなす技は専門的であり，一般に高度な専門職として社会に認識されています。そしてまた，理容師は，1本が1mmにも達しない髪の毛を切るための道具となるハサミをよく研ぎ，丹念に手入れをして成果の向上に寄与させています。それに対し，自分自身を道具として活用するソーシャルワーカーの専門性は，専門技術を形ある道具として持たないがゆえに，社会的に専門職として認識されにくいという特徴があります。その専門性を高めるためには，活用しうるだけの自分自身を常に磨き，自己の特性を認識し，適切に自己を活用することが求められています。ソーシャルワーカーが援助を実施する際，いつ，いかなる場合でもソーシャルワーカーとしてある一定の反応をする等と，決まりきった反応を常に取るわけではありません。たとえ同じ内容の相談を持ち込まれた場合でも，その相手により，また置かれている立場性，自らの経験の積み重ねの状況により，その反応は一定ではなく常に変化する可能性を秘めています。自分自身を自分のためだけではなく，利用者自身のために磨き続けることが専門職として求められているのです。ソーシャルワーカーが知識や技術の向上を目指さずに錆びたハサミの状態で仕事をしていると明らかに支援の質が下がっていくのです。

　ソーシャルワーカーは，倫理面からみても質の高い実践を行うために，「援助方法の改善と専門性の向上を図る」ことが求められていることを考え合わせると，自分自身を高めていく努力は専門職の責務であることがわかります。私たちは，自分のためだけではなく，他者のために自らを磨き，専門職として向上する努力を永遠に続けていくことが求められていることを忘れてはならないのです。

4）自己覚知からの学び

　ソーシャルワーカーが自分自身を支援に活用するということは，自らの特徴を熟知しておくことが支援を展開する上で必要となります。端的にいえば，ソーシャルワーカーが自分自身をよく理解しておくということです。ソーシ

ャルワーカー自身がその対人援助場面において，利用者に対し，どのように反応し，行動するのか，また自身のパーソナリティがどうなのか等の自己理解が求められています。

　例えば，高齢者施設で趣味活動のちぎり絵を実施している利用者がいました。しかし，上手く色紙に張ることができず，出来映えがいまひとつでした。それを実習生は，奇麗に色紙に張らせたいという気持ちから一生懸命サポートをしました。それを見た現場の実習指導者から趣味活動の目的は，奇麗に張ることではないという指摘を受け，実習生は自分が奇麗にでき上がることを目的としていた自己の価値観に気づき，利用者の思いを感じとることさえできていなかったことを知りました。実習生は，奇麗に色紙ができ上がった方が利用者も喜ぶであろうし，いつも内気な利用者が周囲から一目置かれる存在となることができるのではないかと勝手に考えていました。

　しかし，実習指導者に趣味活動の目的を指摘された後，利用者に趣味活動について実習生が聞いてみると「若い実習生さんと一緒に好きなちぎり絵ができて，使ったことがない色遣いに挑戦する勇気も湧き，普段と違うでき上がりに満足している」という利用者の思わぬ反応が返ってきました。そう言われ，色紙を見直すと独創的なちぎり絵ができ上がっていると実習生は感じ，また，2時間余りも休憩を入れずに利用者と意見交換しながら集中し，作成した時間が自分も楽しかったと改めて感じたことを振り返りました。

　ここで考えておかなければならないことは，自己覚知とは，ソーシャルワーカーの性格や特徴を分析するだけではなく，他者との関係を通してソーシャルワーカー自身を知ることが援助関係の構築に意味があるということです。ちぎり絵等の作品を奇麗に作ることに価値観を持っていると「自己を覚

知する」ということだけではなく，この利用者との関係で自分がどうあったかというように，常に他者との関係において自己が存在していることを発見していくことが対人援助における自己覚知といえるのです。

このような視点で実習を振り返ると，自らの他者への関わり方やその姿勢が見えてきた人がいるのではないでしょうか。このような振り返りを丁寧に行うことにより自分を知り，そこから将来の道や自己を考える材料となり得るのです。

（2）社会からの期待に気づくということ
1）専門職とは

私たちは，何を目指してソーシャルワーク実践を行っているのでしょうか。それは，「人々の幸せ」を目指すということであることは，皆さんの承認を得ることができるでしょう。その「人々」と指し示す中には，それを問う「自分」も含まれていることは間違いないですが，ここでは「人々」の幸せということを，自分と異なる他者の幸せを目指すということとして考えていきたいと思います。

社会学者のグード（Goode, W. J.）は，専門職の根本的な特質として，①専門的な知識獲得のための長期の訓練，②共同体ないし社会への無私のサービス指向，の2つを挙げています。1つ目は，皆さんが学校で体系的な理論を学び，教育課程においても実習が重要視され，さらには，就職してからも上司等から指導を受け，研修等で学び続けることを示しています。2つ目は，人々の公共の福祉を願い，それに力を尽くすことを示しています。特に，2つ目の公共の福祉への貢献について焦点を当てて考えてみましょう。ソーシャルワーカーが自らを専門職と公言し，その地位を社会で確立させているといえる主な理由は，自らの利益を求めて仕事をしているのではなく，他人の幸福や利益を図ることを第1に考え行動しているからです。専門職というのは社会や周囲から承認されない限り確立できないわけですが，社会が専門職

であることを容認する要素として，自らの利益追求を求めるために働く人ではなく，分け隔てなく平等に他者のために働く人なのです。そのような社会全体に対する福祉の貢献を市民は求めているといえるでしょう。

　全米ソーシャルワーカー協会が示す倫理の原則においても「他者に奉仕すること」が挙げられています。ソーシャルワークを実践する際にどこに価値基準を置くかは，実践の本質に関わる重要な点です。ソーシャルワーカーのもっている価値によって，どのように行動するのか，何を優先するのかが決定されているのです。

　例えば，今，自分がしたいことがあった場合でも他者から直ちに対応してほしいと頼みごとをされれば，自分のことを後回しにして，他者を優先して対応すること等ということは日常的な場面でもあります。ソーシャルワーカーの業務の場合も同様であり，例えば，自分の時間を削って他者のために尽くすということは，実習場面においても見聞きしたことでしょう。この時にソーシャルワーカーは，自分のことよりも他者を優先し，活動するという価値を持ち，そこに対価が生じなくても他者のために尽くそうとする奉仕的精神により実践が行われているのです。

　実習で活動したことにより，いかに周囲からの期待が高いか，また，社会からどのような期待が存在するのかということを身をもって理解できたのではないかと思います。

2）「他者に奉仕する」ということの落とし穴

　相談援助実習において，「他者のために」と一生懸命利用者のことを考え，行動したことが日常的にあったと思います。しかし，自分は，他者を思い懸命に行動したつもりでも，果たして他者に対する100％の気持ちだけでその行為は成立していたのでしょうか。それを問われるのが自分自身を活用するソーシャルワークの難しい課題です。

　阿部志郎は講演[1]の中で，ソーシャルワークは，「肉体的，精神的，社会的な人間の弱さに関わる仕事」だと述べています。したがって，それゆえに

ソーシャルワーカーは，その弱さに付け込むことができる存在であり，それを防ぐために禁欲的態度と厳しい職業倫理が求められるといえます。禁欲的態度というのは，私たちが持つさまざまな欲を封じて，この仕事を実施するために身を整えておくということです。実習中に皆さんは，やりたいことも我慢して，実習のために身体の調子を整え，実習に必要な学習を深め，期間中，これに力を注いできたと思います。この禁欲的な態度が，対人援助の専門職には求められるのです。

また，人は誰よりも自分を愛し，自らを優先しがちであるために，専門職としての倫理を遵守できるように自主的に「倫理綱領」を作成しています。こうして，専門職としてどうあるべきかを文章化し内外へ知らせ，自分自身を戒めて，実践の際に相手の弱さに付け込む事がないように自らの振り返りを実施しているのです。

弱さに付け込むとは，例えば，実習中に実習指導者から注意を受けたばかりの実習生がいたとします。その実習生は，何とか職員や実習指導者に認められて，役に立っている人だと思われたいと考えていました。そんな時に，利用者がある作業に時間がかかり，くたびれているように見えました。そこで，積極的に声を掛け，自らがその作業の大半を手伝い，倍のスピードで終わらせてしまいました。利用者は苦労せずに作業が早く終ったことに感謝し，何度も実習生にお礼を言いました。実習生は実習中にお礼を言われたことがなかったこともあり，嬉しい気分になりました。この例を考えた時に実習生は，お礼を言われ，自分は人の役に立てたと良い気持ちになりました。

しかし，この作業は利用者にとっての訓練であったために，利用者が自力でやり遂げないと意味がないものでした。厳しい言い方をすれば，実習生は自分の満足のために相手を利用したといえるかもしれません。利用者は自分でやらなければならない作業であることは理解していましたが，いつも自分を担当してくれ世話を焼いてくれる実習生の好意を断ることができず，実習生にお礼を言ったのでした。日常的にケアを受けている人が人の善意を断る

ことは，大変勇気がいることです。「他者のため」にという中に，自分のためにという意味がどこかに潜んでいないか点検する必要があるのです。したがって，「他者のため」の実践の中で100％相手に向かっている実践は，実は「他者と共に」という実践だといえるのでしょう。

　実習の中で自分の本心を深く振り返って，今後の自身のあり方を考えてみる機会をつくってみましょう。

3）ソーシャルワーク機能が社会から求められていること
　——現代社会におけるソーシャルワーク

　私たちの身の回りには，多くの生活上の問題が山積しています。例えば，老々介護，若年層のニートやワーキングプア，高齢者，子ども，障害者が被害者となる虐待，自殺者やホームレスの増加，犯罪者の再犯等々，実習先においてもこれらの課題に直面した人もいたでしょう。これらの問題は，他人事ではいられない誰の生活にも背中合わせである状況といえるでしょう。

　こうした問題を前にソーシャルワークは，生活の基盤としている地域で，住民が主体的に解決できるように支援し，また，既存のサービスや社会の制度だけでは解決できない場合，問題解決が図れるように新しいサービスや社会制度の創設を目指していきます。これは専門職として実施すべきことですが，専門職の立場ではなくとも，自らの生活に問題が生じた際に自ら解決するように住民同士で力を合わせたり，社会的に弱い状況にある人に理解ある言葉や心のこもった行動を，一人の住民として行っていくことはできるのです。その一住民としての活動は社会生活の潤滑油となり，誰しもが生きやすい地域となっていく流れをつくるのだと思います。

　実習を終了して，何らかの理由からソーシャルワーカーを目指さないと決めた人もいるでしょう。その場合，ここまでの学びが無駄になるわけではありません。ここまでの学びすべては，社会で仕事ができる人材の養成を基礎としており，まず，社会人としてのあり方を学び，その上にソーシャルワークの専門的な知識と技術を学んでいます。この専門的な知識も技術も賢い市

民として生きるために有益なものです。

　将来，ソーシャルワークの仕事をするかどうかによらず，ここまでの学びを整理して，その活かし方を改めて確認してみましょう。

2　実習で職業人としての基礎的職業能力を培う

　実習教育の経験は，卒業した後に職業人として求められる「基礎的職業能力」を育成します。学生の皆さんが在学中に十分な基礎的職業能力を身に付けることは，将来の進路選択の幅を広げるとともに，学校生活から職業生活へのステップアップをスムーズにすることでしょう。

（1）すべての職業人に求められる基礎的職業能力
1）キャリア教育と職業教育
　皆さんは，卒業後に，さまざまな分野の社会活動や経済活動を支えることが期待されています。無論，進学する方もいるでしょうが，多くの皆さんは職業に従事することになるでしょう。社会福祉士の教育課程に身をおいた学生の場合，その就職先は社会福祉施設や福祉行政機関等が中心となるでしょうが，それ以外のさまざまな産業分野で活躍する学生も少なくありません。

　さて，「キャリア教育」の実施がこれまで以上に求められています。また，社会福祉士の教育課程は，その教育目的からして「職業教育」の一面を持っています。特に実習教育を経験した学生諸君は，「キャリア教育」と「職業教育」の2つの学習のプロセスを経たことになります。

　「キャリア教育」とは，学校教育の場で社会人や職業人として自立できる人間を育てることです。つまり，一人ひとりの学生の社会的職業的自立に向けて，それに必要な基盤となる能力や態度，つまり「職業人としての基礎的職業能力」を育てることを目指した教育プログラムのことです。

　対して，「職業教育」というのは，特定の職業に従事するために必要な知

識，技術，能力や態度を育てる教育のことです。つまり，社会福祉士養成の相談援助実習は「職業教育」の顔を持っているのです。

2）社会人基礎力と若年者就業基礎能力

さて，それでは，働くすべての人に求められる基礎的職業能力とはどのようなものでしょうか。職業人に求められている「能力」とはどのようなものか，いくつか検討してみましょう。

経済産業省が提起しているのが，「社会人基礎力」の考え方です。「職場や地域社会のなかで多様な人々とともに仕事をしていくために必要な基礎的な力」として「社会人基礎力」の養成を推奨しています。「社会人基礎力」は「3つの能力」と「12の要素」から成り立っています（表6-1）。

次に，若年層を対象に厚生労働省が提起した「若年者就業基礎能力」（支援事業は休止中）という考え方があります。これは，若年層を採用する際に重視するポイントのことです。表6-2（210頁）のように，「コミュニケーション能力」「職業人意識」「基礎学力」「ビジネスマナー」「資格取得」から構成されています。

また，厚生労働省の「若年者雇用実態調査」によると，若年の正社員の育成方法として，採用する側の事業者が重視しているのは「職業意識・勤労観」58.5％，「業務に役立つ専門知識や技能」48.7％そして「マナー・社会常識」44.6％となっています。

3）基礎的職業能力とは

このようにみてくると，基礎的職業能力については次のような点が求められているようです。

第1に，社会的職業的自立意識です。社会生活の面でも，また職業人とし

表6-1　社会人基礎力

3つの能力	12の要素（3つの能力を構成）
アクション （前に踏み出す力）	主体性：物事に進んで取り組む力。 働きかけ力：他人に働きかけ巻き込む力。 実行力：目的を設定し確実に行動する力。
シンキング （考え抜く力）	課題発見力：現状を分析し目的や課題を明らかにする力。 計画力：課題の解決に向けたプロセスを明らかにし準備する力。 創造力：新しい価値を生み出す力。
チームワーク （チームで働く力）	発信力：自分の意見をわかりやすく伝える力。 傾聴力：相手の意見をていねいに聴く力。 柔軟性：意見の違いや立場の違いを理解する力。 情況把握力：自分と周囲の人，物事との関係性を理解する力。 規律性：社会のルールや人との約束を守る力。 ストレスコントロール力：ストレスの発生源に対応する力。

出所：経済産業省『社会人基礎力のススメ』2007年。

ても自立する意識を持っていることです。働くことが社会的責任であり，社会の一員としての役割分担であるという認識を持つことです。

　第2に，人間関係形成能力やコミュニケーション能力といった，働き方の基本的なルールを身に付けていることです。ここでいう人間関係の形成能力とは，人と人の関係を上下関係でとらえるということではなく，円満な人間関係の形成能力のことです。具体的には，職場等における協調性のある態度，チームワークを保ち仕事ができること，あるいはリーダシップを発揮できることなどです。後者のコミュニケーション能力については，自己の主張（プレゼンテーションを含む）と傾聴的態度を組み合わせたコミュニケーション能力が持てているかどうかです。コミュニケーション能力では，他者との意思疎通が円滑に図れるとともに，「折り合いをつける能力」も求められます。

　第3に，労働規律です。これは「働き方の基本的なルール」の中に含まれますが，働く者一人ひとりの自己を律する能力や資質のことです。「自己に対する理解」や「自己を管理できる能力」のことです。仕事をするためには自分自身に対する理解や自己管理が求められます。自らの癖や長所あるいは

表6-2　若年者就業基礎能力

コミュニケーション能力	意思疎通：主張と傾聴のバランスをとり，効果的な意思疎通ができる。双方向の円滑なコミュニケーション，意見集約ができる。 協調性：双方の主張の調整ができる。相手の立場や自分の位置の理解，円滑な人間関係の形成，組織ルールに沿った行動ができる。 自己表現能力：状況に合ったプレゼンテーションができる。伝えるべき事柄を適切な方法（文章や図表等）で相手に伝えられる。
職業人意識	責任感：社会人・職業人としての役割と責任の意識。主体的であり，組織秩序の維持を尊重。 向上心・探究心：働くことへの関心や意欲を持ち，仕事上の知識や技術の修得や課題発見の意識，目標達成の意識を備えている。 職業意識・勤労観：職業や勤労に対する広範な見方や考え方を持つとともに，職業選択や働くことを真剣に考えている。
基礎学力	読み書き：いわゆるビジネスに必要な定型的な文書を作成できる。新聞の社説程度の文書の読解ができる。 計算・計数・数学的思考力：3桁の四則演算（分数と小数を含む）ができる。数学的・論理的に思考できる。 社会人常識：政治・社会・経済・文化・歴史等の一般教養的な知識，新聞やテレビ等を情報源として主要な社会経済や時事問題を把握。
ビジネスマナー	あいさつと話し方：勤務中の日常的なあいさつができる。敬語表現を知っている。 電話のマナー：仕事上の電話のかけ方や受け方を知っている。 訪問の方法：アポイントのとり方，訪問時のマナー，名刺の受け渡し，自己紹介の方法を知っている。 来客の対応：来客への対応の仕方や取り次ぎ方を知っている。 話し方の基本，言葉遣い，話の聞き方や指示の受け方を知っている。
資格取得	情報技術関係：コンピュータの表計算ソフトやワープロソフトの基本操作ができ，インターネットによる情報検索ができる。 経理・財務関係：経理・会計（簿記を含む），財務（財務諸表を含む）に関する知識を持ち活用できる。 語学関係：社会人として必要な英語に関する知識を持ち活用できる。

出所：厚生労働省『厚生労働省における主な職業能力検定制度』2007年。

短所についての理解です。「自己覚知」といってもよいでしょう。自己管理能力が土台となり，働く上での基本的なルールやマナーを遵守できるかどうかということになります。具体的には，時間の厳守，報告・連絡・相談等のビジネスマナーが身に付いていることが期待されます。仕事に取り組む態度としては，自ら課題を発見して，その解明と解決，対応策を考え抜くといった向上心や探究心が求められます。

第4に，担当する仕事に必要な基礎学力や仕事に必要な資格や専門的知識・技術を持っていることです。ここでいう基礎学力とは，仕事上必要な短い定型文書を作成できる文書能力や簡単な計算能力，そして社会常識などです。

（2）実習教育に組み込まれている基礎的職業能力の育成機能
1）インターンシップとしての実習

相談援助実習のねらいは，講義や演習で学習した社会福祉学やソーシャルワークなどに関する専門的な知識や技術について，教室外の社会福祉施設などの場面で，それを実践的に適用・活用することによって専門的な知識と技術を総合化し，かつ深めていくことです。別の言い方をすれば，実習教育は，講義や演習で学んだ社会福祉学やソーシャルワークの知識・技術を，実習という教育方法により，経験を通じて確認し定着させることがねらいなのです。

実習という教育方法は，基礎的職業能力を育成する潜在的な機能を持っています。皆さんが経験した相談援助実習の授業では，シラバスによりあらかじめ一定程度の学習内容のプログラム設計が行われています。具体的には，教員の指導の下に実習目標の検討と策定，実習の具体的な活動計画の事前の設計などが行われます。要するには，学習プログラムというシナリオが用意されているはずです。

しかしながら，実際の実習は，「シナリオのない学習場面」となります。皆さんもそれを体験しているはずです。このようなことが普通に起こるのは，

授業が行われる場所が社会福祉施設などの活動実践の場だからです。実際にサービスを利用する方たちがいて，ときには入所者として生活しています。職業としてサービスを提供する福祉専門職の方たちも実際に働いているのです。多くの人たちが人間関係を形成しコミュニケーションをとり時間が経過していきます。当然，想定外の事態は頻繁に起こるのです。

つまり，職業教育としての実習経験は，それが教室外の社会福祉施設などで行われることから，それによって就業体験いわゆるインターンシップの一面も持っているのです。

2）実習は基礎的職業能力を育成する

実習により，皆さんは基礎的職業能力を学習し，その多くを身に付けているはずです。

高齢者，障害者，子どもなどが入所したり利用している社会福祉施設における実習は，これらの社会福祉サービスの利用者と直接的に接することにより教育が成り立ちます。実習では，それぞれのサービス利用者が抱える困難や問題状況，あるいは苦悩を知ることになります。実習は「緊張状態の下での学習」となります。このような「重い現実」を知ることによって，社会福祉の仕事から離れていく人もいるかもしれませんが，それも進路選択の一つのあり方だと思います。同時に，利用者の困難や苦悩，そして問題状況を受け止め，その解決を自らの生涯の仕事とすることは，社会的職業的自立意識が確立したことを意味します。そこには，主体的選択としての強いミッション意識（使命感）と高い勤労意欲が芽生えていることでしょう。

実習場面では，常に社会福祉サービス利用者や指導して下さる施設職員などとの円滑なコミュニケーション能力が不可欠です。実習指導者からの指示内容の理解，利用者のニーズへの傾聴の態度などの円満な人間関係の形成を前提に成り立つものです。そして，その「人間関係とコミュニケーション」は，ほとんど初めて経験するのではないでしょうか。学生の皆さんは小学校，中学校，高等学校の12年間，そして専門学校・短期大学・大学生活という長

い学校生活の期間のほとんどにおいて、「教える側と教えられる側」という固定的な人間関係とコミュニケーション関係の中にいました。基本的な関係としては、教育というサービスを「受け取る側」にいたはずです。それが、相談援助実習ではサービスを提供する側になります。これは、初めての経験となったはずです。人間関係もコミュニケーション関係も、皆さんの方から発信する積極性が求められます。

　インターンシップとしての実習は、多くの専門職が働く職場でもあります。福祉専門職が仕事として、職場のルールに従って働いています。実習生は、職場における労働規律を体験します。そして、実習生ではあるが、その行動と発言は職業人に準ずることが求められます。社会人一般が要求される社会常識やマナーがなければ、就業体験としての実習がスムーズに進まないのです。

　相談援助実習について厚生労働省が「求める学習内容」のガイドラインの中には、利用者や施設職員、そして地域住民との「基本的なコミュニケーションや人との付き合い方などの円滑な人間関係の形成」が示されています。また、「多職種連携をはじめとする支援におけるチームアプローチの実際」では、職場における協調性や共同作業の仕方などを学習することが求められています。厚生労働省が求める学習内容にも、実習教育による基礎的職業能力の育成が期待されているのです。

（3）実習経験により広がるさまざまな進路と職業の世界

1）ヒューマンサービス業における実習経験の持つ意義

　相談援助実習の経験は、それを学習した学生一人ひとりの社会的職業的自立意識を育むとともに、人間関係形成能力やコミュニケーション能力といった基本的な働き方のルールを身に付ける機会になっています。また、実習が繰り広げられる場所は社会福祉施設などの「職場」であることから、職業人としての労働規律も同時に学ぶことができ、社会人として、そして職業人と

して求められる基礎的職業能力の育成につながっています。

　加えて，実習先が「ヒューマンサービス」組織であることは，学生の皆さんの基礎的職業能力の育成というだけではなく，人間的成長の面でもすぐれて有意義な経験を積むことになります。なお，ここでいう「ヒューマンサービス」とは，人が人を対象として提供するさまざまなサービスや職務などの全般を指しています。具体的には，保健，医療，福祉，教育などの，人が人に対して必要な支援を行う対人援助サービスの総称です。「ヒューマンサービス」では，一人ひとりの人間が直面するさまざまな困難や解決すべき問題について，多職種の専門職が調整を図り，連携を深めながら，対処していかなければなりません。その点では，繰り返しになりますが，社会福祉施設などの実践現場での実習経験はそれを学習した者に対して，当の本人が想像する以上の人間的成長の機会を提供し，基礎的職業能力の質を高めてくれるでしょう。

2）広がる進路と職業選択のチャンス
　　　──社会福祉施設・機関・シルバーサービスそして一般民間企業へ

　相談援助実習は，社会福祉学やソーシャルワークを専攻する学科に配置されています。そこを卒業する学生たちに一般的に想定される進路や職業選択は，児童福祉施設，障害児・者福祉施設，高齢者福祉施設といった社会福祉施設，病院等の保健医療機関，地域福祉のための社会福祉協議会などがあります。介護保険制度関係では，地域包括支援センターも進路先の一つになります。これらの施設・機関が社会福祉法人や医療法人により設置運営されている場合は，それらの採用試験を受けることになります。市町村などの地方自治体が直接運営している場合は，「福祉職」の公務員の採用試験を受験しなければなりません。

　福祉事務所や児童相談所といった福祉行政機関で働くことを希望する方は，都道府県や市町村の公務員の採用試験を受けることになります。

　介護保険制度の下で，訪問介護や訪問入浴介護といった居宅サービスの領

域，そして認知症高齢者を利用者とするグループホームなどでは，株式会社といった一般の民間企業の参入が顕著です。これらの民間企業による要介護高齢者対象のサービスを提供する事業はシルバーサービス，シルバービジネス，あるいは介護ビジネスとも呼ばれています。かつての社会福祉サービスの提供は，市町村や特別区といった自治体や社会福祉法人が主にその役割を担ってきました。これからは，一般の民間企業が提供するシルバーサービスの世界も，卒業後の進路選択の一つに加える必要があるでしょう。

　シルバーサービスには，大手家電メーカーなどの異業種から参入してきています。また，入所系サービスでは有料老人ホームの領域に，大手の生命保険会社や電鉄会社，そして外食産業も進出しています。

　「学生の就職先は社会福祉法人や医療法人」といったイメージは薄らぎつつあります。皆さんも，進路や就職先としての視野を広げる必要があるようです。

　さらに，実習経験は，社会福祉分野以外での進路選択や就職に際しても優位性を持つと考えられます。その理由の一つは，通常のインターンシップとは異なり，相談援助実習の就業体験はきわめて緊張感のある貴重な体験だということです。しかも，その実習は約4週間という長期間にわたっているのです。相談援助実習の経験は，社会福祉以外のあらゆる業種や職種で通用する就業経験であり人生経験といえます。ヒューマンサービス業での実習を経験したことは，特にサービス業の世界で活かすことができるのではないでしょうか。かつて，著者が属する学科の卒業生は，航空会社の客室乗務員や地上要員，あるいは医療機器メーカー，子ども服メーカー，生命保険会社や銀行などの金融業にも就職しています。

　皆さんには，今まで以上に視野を広げた進路選択，就職活動が可能だといえるでしょう。

3 実習の学びを発展させ専門職を目指す

(1) 卒業まで継続して学習するテーマを見つける
1) 継続学習の必要性

　実習の意義は，実習前に学んできたソーシャルワークの原理又は枠組み，アプローチの方法，実践における価値や理念，倫理等が実際にどのように展開されているかを学ぶことです。実習は単なる現場見学ではなく，実習指導者のスーパービジョンの下で，これまで学んだ知識・技術・価値を総動員して実際の業務の一部に参加できる，専門職になるための学習の集大成です。

　ところが，実習を終えた学生たちは「もう少し事前学習をしっかりしておくべきだった」と自らの実習を振り返ることが少なくありません。実習指導者と利用者の面接場面に同席したが基本的な知識が不足していたために話の内容がよく理解できなかったり，同席を認められたカンファレンスで交わされる多職種との意見交換や協議の内容が理解できなかったりしたからです。

　しかし，実習で学んだ通り社会福祉士に求められる知識や技術の量は膨大です。そのすべてを事前に学習することは不可能です。むしろ実習後に実習体験を整理し，事後学習を通じて自分の知識や技術で不足している部分や社会福祉士となった場合の問題点等をふり返る中から，新たな関心テーマや学習課題を導き出し，取り組むことが大切です。皆さんには卒業まで継続して学習する課題を見つけ出し，卒業論文や卒業レポートへ発展させてほしいと思います。

　それでは実習が終わって，さらに継続して学習する課題に取り組む意義はどこにあるのでしょうか。実習は将来社会福祉の仕事を目指す皆さんにとって入り口に位置します。社会福祉の仕事は貧困や障害，養護，高齢，介護といった生活問題を抱える人を対象とし，その支援の方法には社会福祉士自身の知識や思想，使命感，価値，そして経験や技術といった資質が大きく影響

するといった特徴があります。「生きた人」を対象とする仕事であるがゆえに，人間性が大きく関係します。

　さらに社会福祉の仕事は，制度・政策と大きくかかわる点も特徴の一つです。実習を通して，例えば介護保険制度の政策動向を知らずに介護の仕事を進めることはできないことを学んだと思います。社会福祉士に求められる知識や技術の量は膨大です。絶えず学ぶことを自らに課すことによって，利用者一人ひとりの生活を支えることができるのです。

2）継続学習の課題の見つけ方

　皆さんは既に継続学習の課題を見つけるための材料を手に入れています。まず「実習計画書」における実習目標の達成状況を振り返ることで，達成が不十分な項目を明らかにし，改めて学習課題にすることができます。実習記録に記録した内容を振り返ることで，利用者の状況や生活課題の理解が不十分であることに気がついた実習生は，これを継続学習の課題にすることができます。例えば高齢者施設で実習した実習生は，認知症に対する理解の必要を改めて実感するとともに，認知症がある高齢者の楽しい生活を実現するケアマネジメントの方法を継続学習課題にしました。

　実習記録は実習生と実習指導者のコミュニケーションの道具であり，実習記録に基づいてスーパービジョンが行われます。利用者とのコミュニケーションを通して自分自身の価値観や行動傾向に関する気づきを記載した実習記録に対して，実習指導者がコメントを寄せるとともにていねいなスーパービジョンが行われ，自分に対する気づきとともに援助における価値や倫理の大切さを学んだ実習生は，自己覚知や価値・倫理を継続学習の課題にしました。実習ではさまざまな出来事に出会います。うれしかったことやつらかったこと，自分にとって特に印象的であった事柄をエピソードとして記録してあると，その記録を利用して学習課題を見つけることができます。何かについてわだかまっていたり，未解決の感情があったりする場合にそのことをきっかけにして深く考えることができ，事例研究や事例分析の力を育てることにつ

ながります。そのほか実習経験や実習報告会を通して得られた新たな問題意識を継続学習の課題にすることができます。

　一方で、実習の振り返りや実習報告会で、皆さんから「実習では教室で学べないことをたくさん学んだ。教室で学んだ理論は現場では役に立たない」という感想を耳にすることがあります。実習先で実際に利用者の問題を目の当たりにし、援助場面に同席する経験は、皆さんに強い印象と影響を与えたことと思います。

　パーカー（Parker, J.）は「理論とモデルはソーシャルワーカー（社会福祉士）の行動を導き、そして効果的な介入の可能性についての説明の枠組みを提供する」(2)と述べて、実践のための理論の重要性を指摘しています。理論やモデルは責任ある実践に貢献するものであり、継続して学ぶ価値が大いにあります。ペイン（Payne, M.）はさらに3つの理論タイプを示しています(3)。①ソーシャルワークは何をするのかの理論、②ソーシャルワークをどのようにするのかの理論、③サービス利用者の世界を理解するための理論、の3つです。実践と理論を分離することは危険です。理論のない実践は海図をもたないで大海原に出かけるようなものだからです。皆さんは社会福祉士の専門性を学ぶ上では理論やモデルを机上で学ぶだけではなく、社会福祉士が援助の経験に基づいて蓄積した知識も学びたいと考えていると思います。

　皆さんが「実習では教室で学べないことをたくさん学んだ」というのは、現場における直感的な学びを基盤にした「暗黙知（tacit knowledge）」に目を見張る思いをしたということだと思います。暗黙知とは必ずしも理論的に言語化できないが、実際には物事のやり方として知っている事柄のことです。しかし、理論と暗黙知は矛盾しません。「生きた人」を対象とする仕事ではこうした微妙な感覚に基づく「知」は大切ですし、これは実践現場でしか学ぶことができないものなのです。実習で受けた強い印象を大切にしながら、それを学校で学んでいる事柄と結び付けることが大切です。継続学習の課題を見つけることは現場実践と学校における学びを結びつける重要な機会なの

です。

（2） 生涯学び続ける仕組みを考える
1） 生涯学習の必要性

　実習において皆さんは，配属された施設・機関の実際の業務に参加してさまざまな業務を体験したことでしょう。例えば高齢者福祉施設では利用者とコミュニケーションを図ったり，家族との面談に同席したり，買い物の外出の付き添い等の生活支援も体験したことでしょう。児童福祉施設では，子どもの相談相手になることもありますが，遊び相手や学習指導をしたり，掃除や洗濯も体験したことでしょう。地域包括支援センターでは，複雑な問題を抱えて地域で生活する利用者・家族の面接に同席したり，家庭訪問に同行したり，行政や地区との会議に出席したりしたことでしょう。

　これらの実習のねらいは，特定の専門分野に精通した（「スペシフィック」といいます）社会福祉士を養成することではなく，さまざまな分野の社会福祉士に共通する包括的なソーシャルワークの原理や枠組み等の基礎部分（「ジェネリック」といいます）を学ぶことにあります。医師が内科や整形外科の領域に自分の専門分野をもったとしても，医師としての基本理念や医学の基礎知識などの基礎部分をもっていることと同じ考え方です。社会福祉士の場合は「特別養護老人ホームで実習したが，児童養護施設に就職する」ということがあります。学校における社会福祉教育では，どのような福祉分野で働く場合でも，最低限こういうことができますという基礎部分の教育を目指します。そして基礎部分の質は国家試験に合格することで保証する仕組みです。社会福祉士資格は社会福祉専門職の基礎資格です。「どの分野・領域であっても，どういうところで実践しても，こういうことが最低限できますよ」という標準を国家資格で保証しています。別の側面から見ると，基礎資格は「これだけの価値と倫理，知識，技術がないとこの仕事はできませんよ（標準あるいは最低限）」という意味にもとらえられ，社会福祉業界全体を底上

げするという意味があります。

　一方，近年，生活課題は多様化・拡大化・複雑化しています。例えば，一人暮らし高齢者や高齢者夫婦のみ世帯の増加，多数の自殺者と残された家族，児童虐待の深刻化等が指摘されています。加えて，労働・司法・教育等の新たな領域でも社会福祉士が期待されています。ここでは高度の専門性と実践力があるスペシャリストとしての社会福祉士が求められています。社会福祉士の専門性をさらに高めていく責任は専門職団体にあります。スペシフィックな能力を有する社会福祉士は，社会福祉士の資格取得後に専門職団体である「日本社会福祉士会」に加入し，実践と現任訓練と研さんを積んで養成されます。

2）専門職団体と資格認定制度

　社会福祉士は何をする人でしょうか。実習を通して自分の中に社会福祉士像を獲得することができたでしょうか。ここで国民が求めている社会福祉士像を確認しておきましょう。社会保障審議会福祉部会が2006（平成18）年11月に発表した「社会福祉士制度の見直しについて（見直しの方向）」の中で示された「求められる社会福祉士像」です。

① 利用者の生活に関わる専門職としての自覚と高い専門職倫理を有している。
② 施設，在宅を問わず，地域において，利用者の自立と尊厳を重視した相談援助をするために必要な専門的知識と技術を有している。
③ 人と社会環境との交互作用に関する専門的知識とそのアセスメントをするための技術を有している。
④ 利用者からの相談を傾聴し，適切な説明と助言を行うことができる。
⑤ 利用者をエンパワメント（利用者自らが必要なサービスを利用しながら自立した生活を営むための力の獲得や，そのための動機付けの支援）することができる。

⑥　一連のケアマネジメントのプロセス（アセスメント，プランニング，モニタリング等）を理解し，自立支援のためのケアマネジメントを適切に実践することができ，その効果について評価することができる。
⑦　他職種とのチームアプローチをすることができる。
⑧　社会資源の調整や開発，ネットワーク化をすることができる。
⑨　権利擁護と個人情報の保護のための知識と技術を有し，実践することができる。
⑩　就労支援に関する知識と技術を有し，実践することができ，その効果について評価することができる。
⑪　福祉に関する計画を策定，実施し，その効果について評価することができる。
⑫　組織の管理やリスクマネジメント等，組織や経営に関する知識を有している。

　皆さんが目指さなければならない目標としての社会福祉士像を見てきましたが，その上で専門性をさらに充実することは社会福祉業界の今後の責任です。より具体的には専門職団体が果たさなければならない責任です。社会福祉士は1993（平成5）年に「日本社会福祉士会」を設立して，自らの専門知識や技術の維持，向上，さらに専門職倫理の確立や社会的地位向上を目指して教育・研究・広報活動を行っています。また，生涯研修センターを設置して社会福祉士の生涯研修を支援しています。その他にも実践を行う分野に応じて組織され，教育・研究機能をもった専門職団体はたくさんあります。例えば「日本医療社会福祉協会」は1953（昭和28）年に設立され，わが国で最も古い歴史を持っています。保健医療機関で活躍する社会福祉士（医療ソーシャルワーカー）の専門性を向上させるための研修プログラムをたくさん提供しています。「日本スクールソーシャルワーク協会」は子どもを取り巻く学校，家庭，地域で実践を行っている社会福祉士等の専門職団体です。

社会福祉士の資格は国家試験に合格し，登録を行うことによって与えられますが，資格の取得はあくまでも専門職として実践を行うためのスタートラインであり，試験の合格が実践力を証明しているわけではありません。皆さんは卒業後に，それぞれが就業する実践分野にかかわる専門職団体に加入して研修を受けたり，学習を継続したりすることを通して専門的な知識を有する社会福祉士に成長していかなければなりません。
　ここで専門職団体が推進している認定社会福祉士について簡単に紹介しておきます。2007（平成19）年の「社会福祉士及び介護福祉士法等の一部を改正する法律案に対する附帯決議」で，専門社会福祉士の仕組みについて，早急に検討を行うことが決議されました。これを受けて日本社会福祉士会は関係諸団体と検討・協力して，2012（平成24）年度から「認定社会福祉士制度」を始めました。また，日本医療社会福祉協会は2010（平成22）年度より「認定医療社会福祉士制度」を始めています。専門職団体のこうした取り組みは，皆さんが専門職として成長していく道筋を示してくれるものですし，国民に対しては高品質の社会福祉サービスを提供することにもつながっているのです。

（3）社会福祉士制度とキャリア形成
1）社会福祉分野の基礎資格としての社会福祉士
　社会福祉士が誕生して25年以上が経過し，社会福祉専門職の存在は少しずつ社会に認められるようになってきました。長い間，社会福祉固有の資格は，公務員の任用資格である社会福祉主事と保育士の2つだけでした。そして「福祉」といえば，多くの人にとって生活保護のイメージでした。しかし，社会福祉の問題が限られた人の特定の問題ではなく，誰にとっても身近な問題としてとらえられるようになり，社会福祉専門職である社会福祉士が必要になりました。
　ところが社会福祉に関する仕事は非常に幅広く，さまざまなものがありま

すので，社会福祉士は「場の専門性」ではなく，「業務の専門性」に着目して資格が作られています。児童や障害，老人や生活困難等の分野やそうした人々が暮らす施設等の場所ごとに資格を作るのではなく，相談援助業務に従事するという専門性に着目して資格が作られています。したがって社会福祉士の資格をもって相談援助業務に従事するのであれば，児童福祉施設でも高齢者福祉施設でも働くことができるのです。

その一方，社会福祉の各分野ではその分野に特有の専門性が求められることも現実です。しかし，大学等を卒業した時点で社会福祉のすべての分野の専門性を完全に修得していることを望むのは非現実的です。このように考えると社会福祉士の資格は，社会福祉のどの分野を担わせても最低限できますというミニマム（最低限）やスタンダード（標準）です。その意味で社会福祉士資格取得はスタート地点に過ぎません。皆さんが学校を卒業し，社会福祉士を取得した後も継続して学ばなければならないというのは，こうした意味なのです。

2）資格を活かした新しい働き方

社会福祉士の資格は，資格取得後に実践や経験を積み重ねることによって徐々に熟成していく資格と考えることができます。認定社会福祉士制度の現状はまだ不十分ですが，一定期間の専門的実践や経験を重ねることが次の評価につながるような制度に育つことが望まれます。

社会福祉士の中には，仕事に関連する他の福祉系の資格も取得して仕事に活かしている人も少なくありません。今の仕事や将来目指したい仕事に関連する分野まで勉強することで，自分のキャリアアップを考えている人たちです。こうした関連資格には，ヘルパー資格のように学生のうちから取得を目指すことができるものもあれば，介護支援専門員のように仕事の経験を積んでからでないと目指せないものもあります。現在，社会福祉士が活躍している場は，社会福祉施設や福祉事務所等の行政機関がほとんどです。しかしながら，まだ少数とはいえ，社会福祉士として独立して事務所を開設して仕事

をしている「独立型社会福祉士」も出てきています。わが国では社会福祉士事務所の業務内容すら理解されていないほど社会的認知度はまだ低く、業務的にも確立されていない分野ですが、日本社会福祉士会では独立型社会福祉士養成研修を実施して、開業に必要な知識の提供や助言を行っています。これらも資格を活かした新しい働き方の一つです。

注
(1) 阿部志郎「ビデオ 福祉のこころ——介護・ケアする人の心のよりどころ Vol. 2 支えられて共に暮らす」トロワモンジュ，1996年。
(2) Parker, J. *Effective practice learning in social work. 2nd edition.* Learning Matters., 2010.（=2012. 村上信・熊谷忠和監訳『これからのソーシャルワーク実習——リフレクティブ・ラーニングのまなざしから』晃洋書房，27頁）
(3) Payne, M. *Modern social work theory.* 3rd edition. Basingstoke: Palgrave Macmillan, 2005, p. 6.

参考文献
阿部志郎編著『ヒューマンサービス論』中央法規出版，2006年。
加藤幸雄他編『相談援助実習』中央法規出版，2010年。
経済産業省『社会人基礎力のススメ』，2007年。
古閑博美編著『インターンシップ——キャリア教育としての就業体験』学文社，2011年。
大島侑編『社会福祉実習教育論』海声社，1985年。
進藤雄三『医療の社会学』世界思想社，1990年，135．
『ふくしのしごとがわかる本』東京都社会福祉協議会，2012年。
宣賢奎『介護ビジネス経営戦略』kumi，2009年。

　　　　　　　おわりに

　本書は，相談援助実習を大学で教えている教員と，実際に施設などで実習生を受け入れている生活相談員（実習指導者）らとで研究会を立ち上げて，はじめて現場実習に臨む学生を対象に作成したものです。
　学生の皆さんの多くは，既にボランティアなどで福祉現場に赴いた経験があると思いますが，実際，本格的に利用者と接したことは初めてではなかったでしょうか。今後，社会的に福祉人材へのニーズが高まっていくことは間違いありません。その意味でも，はじめて本格的に実習に臨んだ今の気持ちを大切に，将来，福祉現場で働いていただければと思います。
　なお，皆さんがこのような有意義な実習ができたのも，現場の利用者や職員のご協力あってのことです。その方々への感謝を忘れずにいてください。
　そして，その初心を思い返す意味でも，社会で働くようになってからも本書に記載されている内容などを確認するなどして，相談援助技術の体得に励んでいただければ幸いです。
　また，淑徳大学准教授の藤森雄介氏には，第2章の内容等について多大なアドバイスをいただきました。厚く御礼申し上げます。
　最後に，本書を作成するにあたってミネルヴァ書房の音田潔氏に感謝の意を述べたいと思います。公刊するまで多面的にご助言を頂きお世話になりました。今後のさらなる氏の活躍を，お祈りいたします。

2013年1月

　　　　　　　　　　　　　　　　　　　　　　相談援助実習研究会代表
　　　　　　　　　　　　　　　　　　　　　　　　長谷川　匡俊

巻末資料

社会福祉士の倫理綱領

前文
　われわれ社会福祉士は，すべての人が人間としての尊厳を有し，価値ある存在であり，平等であることを深く認識する。われわれは平和を擁護し，人権と社会正義の原理に則り，サービス利用者本位の質の高い福祉サービスの開発と提供に努めることによって，社会福祉の推進とサービス利用者の自己実現をめざす専門職であることを言明する。

　われわれは，社会の進展に伴う社会変動が，ともすれば環境破壊及び人間疎外をもたらすことに着目する時，この専門職がこれからの福祉社会にとって不可欠の制度であることを自覚するとともに，専門職社会福祉士の職責についての一般社会及び市民の理解を深め，その啓発に努める。

　われわれは，われわれの加盟する国際ソーシャルワーカー連盟が採択した，次の「ソーシャルワークの定義」(2000年7月) を，ソーシャルワーク実践に適用され得るものとして認識し，その実践の拠り所とする。

ソーシャルワークの定義
　ソーシャルワーク専門職は，人間の福利（ウェルビーイング）の増進を目指して，社会の変革を進め，人間関係における問題解決を図り，人々のエンパワーメントと解放を促していく。ソーシャルワークは人間の行動と社会システムに関する理論を利用して，人びとがその環境と相互に影響し合う接点に介入する。人権と社会正義の原理は，ソーシャルワークの拠り所とする基盤である。

　われわれは，ソーシャルワークの知識，技術の専門性と倫理性の維持，向上が専門職の職責であるだけでなく，サービス利用者は勿論，社会全体の利益に密接に関連していることを認識し，本綱領を制定してこれを遵守することを誓約する者により，専門職団体を組織する。

価値と原則
1. （人間の尊厳）
   社会福祉士は，すべての人間を，出自，人種，性別，年齢，身体的精神的状況，宗教的文化的背景，社会的地位，経済状況等の違いにかかわらず，かけがえのない存在として尊重する。
2. （社会正義）
   差別，貧困，抑圧，排除，暴力，環境破壊などの無い，自由，平等，共生に基づく社会正義の実現を目指す。
3. （貢献）
   社会福祉士は，人間の尊厳の尊重と社会正義の実現に貢献する。

4．（誠実）

　　社会福祉士は，本倫理綱領に対して常に誠実である。

5．（専門的力量）

　　社会福祉士は，専門的力量を発揮し，その専門性を高める。

倫理基準

1）利用者に対する倫理責任

1．（利用者との関係）社会福祉士は，利用者との専門的援助関係を最も大切にし，それを自己の利益のために利用しない。

2．（利用者の利益の最優先）社会福祉士は，業務の遂行に際して，利用者の利益を最優先に考える。

3．（受　容）社会福祉士は，自らの先入観や偏見を排し，利用者をあるがままに受容する。

4．（説明責任）社会福祉士は，利用者に必要な情報を適切な方法・わかりやすい表現を用いて提供し，利用者の意思を確認する。

5．（利用者の自己決定の尊重）社会福祉士は，利用者の自己決定を尊重し，利用者がその権利を十分に理解し，活用していけるように援助する。

6．（利用者の意思決定能力への対応）社会福祉士は，意思決定能力の不十分な利用者に対して，常に最善の方法を用いて利益と権利を擁護する。

7．（プライバシーの尊重）社会福祉士は，利用者のプライバシーを最大限に尊重し，関係者から情報を得る場合，その利用者から同意を得る。

8．（秘密の保持）社会福祉士は，利用者や関係者から情報を得る場合，業務上必要な範囲にとどめ，その秘密を保持する。秘密の保持は，業務を退いた後も同様とする。

9．（記録の開示）社会福祉士は，利用者から記録の開示の要求があった場合，本人に記録を開示する。

10．（情報の共有）社会福祉士は，利用者の援助のために利用者に関する情報を関係機関・関係職員と共有する場合，その秘密を保持するよう最善の方策を用いる。

11．（性的差別，虐待の禁止）社会福祉士は，利用者に対して，性別，性的指向等の違いから派生する差別やセクシュアル・ハラスメント，虐待をしない。

12．（権利侵害の防止）社会福祉士は，利用者を擁護し，あらゆる権利侵害の発生を防止する。

2）実践現場における倫理責任

1．（最良の実践を行う責務）社会福祉士は，実践現場において，最良の業務を遂行するために，自らの専門的知識・技術を惜しみなく発揮する。

2．（他の専門職等との連携・協働）社会福祉士は，相互の専門性を尊重し，他の専門職等と連携・協働する。

3．（実践現場と綱領の遵守）社会福祉士は，実践現場との間で倫理上のジレンマが生じるような場合，実践現場が本綱領の原則を尊重し，その基本精神を遵守するよう働きかける。

4．（業務改善の推進）社会福祉士は，常に業務を点検し評価を行い，業務改善を推進する。
3) 社会に対する倫理責任
 1．（ソーシャル・インクルージョン）社会福祉士は，人々をあらゆる差別，貧困，抑圧，排除，暴力，環境破壊などから守り，包含的な社会を目指すよう努める。
 2．（社会への働きかけ）社会福祉士は，社会に見られる不正義の改善と利用者の問題解決のため，利用者や他の専門職等と連帯し，効果的な方法により社会に働きかける。
 3．（国際社会への働きかけ）社会福祉士は，人権と社会正義に関する国際的問題を解決するため，全世界のソーシャルワーカーと連帯し，国際社会に働きかける。
4) 専門職としての倫理責任
 1．（専門職の啓発）社会福祉士は，利用者・他の専門職・市民に専門職としての実践を伝え社会的信用を高める。
 2．（信用失墜行為の禁止）社会福祉士は，その立場を利用した信用失墜行為を行わない。
 3．（社会的信用の保持）社会福祉士は，他の社会福祉士が専門職業の社会的信用を損なうような場合，本人にその事実を知らせ，必要な対応を促す。
 4．（専門職の擁護）社会福祉士は，不当な批判を受けることがあれば，専門職として連帯し，その立場を擁護する。
 5．（専門性の向上）社会福祉士は，最良の実践を行うために，スーパービジョン，教育・研修に参加し，援助方法の改善と専門性の向上を図る。
 6．（教育・訓練・管理における責務）社会福祉士は教育・訓練・管理に携わる場合，相手の人権を尊重し，専門職としてのよりよい成長を促す。
 7．（調査・研究）社会福祉士は，すべての調査・研究過程で利用者の人権を尊重し，倫理性を確保する。

社会福祉士の行動規範

　この「社会福祉士の行動規範」は，「社会福祉士の倫理綱領」に基づき，社会福祉士が社会福祉実践において従うべき行動を示したものである。
1) 利用者に対する倫理責任
 1．利用者との関係
 1-1．社会福祉士は，利用者との専門的援助関係についてあらかじめ利用者に説明しなければならない。
 1-2．社会福祉士は，利用者と私的な関係になってはならない。
 1-3．社会福祉士は，いかなる理由があっても利用者およびその関係者との性的接触・行動をしてはならない。
 1-4．社会福祉士は，自分の個人的・宗教的・政治的理由のため，または個人の利益のために，不当に専門的援助関係を利用してはならない。

1-5．社会福祉士は，過去または現在の利用者に対して利益の相反する関係になることが避けられないときは，利用者を守る手段を講じ，それを利用者に明らかにしなければならない。
1-6．社会福祉士は，利用者との専門的援助関係とともにパートナーシップを尊重しなければならない。

2．利用者の利益の最優先
2-1．社会福祉士は，専門職の立場を私的なことに使用してはならない。
2-2．社会福祉士は，利用者から専門職サービスの代償として，正規の報酬以外に物品や金銭を受けとってはならない。
2-3．社会福祉士は，援助を継続できない何らかの理由がある場合，援助を継続できるように最大限の努力をしなければならない。

3．受　容
3-1．社会福祉士は，利用者に暖かい関心を寄せ，利用者の立場を認め，利用者の情緒の安定を図らなければならない。
3-2．社会福祉士は，利用者を非難し，審判することがあってはならない。
3-3．社会福祉士は，利用者の意思表出をはげまし支えなければならない。

4．説明責任
4-1．社会福祉士は，利用者の側に立ったサービスを行う立場にあることを伝えなければならない。
4-2．社会福祉士は，専門職上の義務と利用者の権利を説明し明らかにした上で援助をしなければならない。
4-3．社会福祉士は，利用者が必要な情報を十分に理解し，納得していることを確認しなければならない。

5．利用者の自己決定の尊重
5-1．社会福祉士は，利用者が自分の目標を定めることを支援しなければならない。
5-2．社会福祉士は，利用者が選択の幅を広げるために，十分な情報を提供しなければならない。
5-3．社会福祉士は，利用者の自己決定が重大な危険を伴う場合，あらかじめその行動を制限することがあることを伝え，そのような制限をした場合には，その理由を説明しなければならない。

6．利用者の意思決定能力への対応
6-1．社会福祉士は，利用者の意思決定能力の状態に応じ，利用者のアドボカシーに努め，エンパワメントを支援しなければならない。
6-2．社会福祉士は，自分の価値観や援助観を利用者に押しつけてはならない。
6-3．社会福祉士は，常に自らの業務がパターナリズムに陥らないように，自己の点検に務めなければならない。

6-4．社会福祉士は，利用者のエンパワメントに必要な社会資源を適切に活用しなければならない。

7．プライバシーの尊重

7-1．社会福祉士は，利用者が自らのプライバシー権を自覚するように働きかけなければならない。

7-2．社会福祉士は，利用者の個人情報を収集する場合，その都度利用者の了解を得なければならない。

7-3．社会福祉士は，問題解決を支援する目的であっても，利用者が了解しない場合は，個人情報を使用してはならない。

8．秘密の保持

8-1．社会福祉士は，業務の遂行にあたり，必要以上の情報収集をしてはならない。

8-2．社会福祉士は，利用者の秘密に関して，敏感かつ慎重でなければならない。

8-3．社会福祉士は，業務を離れた日常生活においても，利用者の秘密を保持しなければならない。

8-4．社会福祉士は，記録の保持と廃棄について，利用者の秘密が漏れないように慎重に対応しなければならない。

9．記録の開示

9-1．社会福祉士は，利用者の記録を開示する場合，かならず本人の了解を得なければならない。

9-2．社会福祉士は，利用者の支援の目的のためにのみ，個人情報を使用しなければならない。

9-3．社会福祉士は，利用者が記録の閲覧を希望した場合，特別な理由なくそれを拒んではならない。

10．情報の共有

10-1．社会福祉士は，利用者の情報を電子媒体等により取り扱う場合，厳重な管理体制と最新のセキュリティに配慮しなければならない。

10-2．社会福祉士は，利用者の個人情報の乱用・紛失その他あらゆる危険に対し，安全保護に関する措置を講じなければならない。

10-3．社会福祉士は，電子情報通信等に関する原則やリスクなどの最新情報について学ばなければならない。

11．性的差別，虐待の禁止

11-1．社会福祉士は，利用者に対して性的差別やセクシュアル・ハラスメント，虐待を行ってはならない。

11-2．社会福祉士は，利用者に対して肉体的・精神的損害または苦痛を与えてはならない。

11-3．社会福祉士は，利用者が暴力や性的搾取・虐待の対象となっている場合，すみやかに発見できるよう心掛けなければならない。

11-4. 社会福祉士は、性的差別やセクシュアル・ハラスメント、虐待に対する正しい知識を得るよう学ばなければならない。
12. 権利侵害の防止
12-1. 社会福祉士は、利用者の権利について十分に認識し、敏感かつ積極的に対応しなければならない。
12-2. 社会福祉士は、利用者の権利侵害を防止する環境を整え、そのシステムの構築に努めなければならない。
12-3. 社会福祉士は、利用者の権利侵害の防止についての啓発活動を積極的に行わなければならない。

2) 実践現場における倫理責任
　1. 最良の実践を行う責務
　1-1. 社会福祉士は、専門職としての使命と職責の重要性を自覚し、常に専門知識を深め、理論と実務に精通するように努めなければならない。
　1-2. 社会福祉士は、専門職としての自律性と責任性が完遂できるよう、自らの専門的力量の向上をはからなければならない。
　1-3. 社会福祉士は、福祉を取り巻く分野の法律や制度等関連知識の集積に努め、その力量を発揮しなければならない。
　2. 他の専門職等との連携・協働
　2-1. 社会福祉士は、所属する機関内部での意思疎通が円滑になされるように積極的に働きかけなければならない。
　2-2. 社会福祉士は、他の専門職と連携し、所属する機関の機構やサービス提供の変更や開発について提案しなければならない。
　2-3. 社会福祉士は、他機関の専門職と連携し協働するために、連絡・調整の役割を果たさなければならない。
　3. 実践現場と綱領の遵守
　3-1. 社会福祉士は、社会福祉士の倫理綱領を実践現場が熟知するように働きかけなければならない。
　3-2. 社会福祉士は、実践現場で倫理上のジレンマが生じた場合、倫理綱領に照らして公正性と一貫性をもってサービス提供を行うように努めなければならない。
　3-3. 社会福祉士は、実践現場の方針・規則・手続き等、倫理綱領に反する実践を許してはならない。
　4. 業務改善の推進
　4-1. 社会福祉士は、利用者の声に耳を傾け苦情の対応にあたり、業務の改善を通して再発防止に努めなければならない。
　4-2. 社会福祉士は、実践現場が常に自己点検と評価を行い、他者からの評価を受けるように働きかけなければならない。

3) 社会に対する倫理責任
  1．ソーシャル・インクルージョン
  1-1．社会福祉士は，特に不利益な立場にあり，抑圧されている利用者が，選択と決定の機会を行使できるように働きかけなければならない。
  1-2．社会福祉士は，利用者や住民が社会の政策・制度の形成に参加することを積極的に支援しなければならない。
  1-3．社会福祉士は，専門的な視点と方法により，利用者のニーズを社会全体と地域社会に伝達しなければならない。
  2．社会への働きかけ
  2-1．社会福祉士は，利用者が望む福祉サービスを適切に受けられるように権利を擁護し，代弁活動を行わなければならない。
  2-2．社会福祉士は，社会福祉実践に及ぼす社会政策や福祉計画の影響を認識し，地域福祉の増進に積極的に参加しなければならない。
  2-3．社会福祉士は，社会における意思決定に際して，利用者の意思と参加が促進されるよう支えなければならない。
  2-4．社会福祉士は，公共の緊急事態に対して可能な限り専門職のサービスを提供できるよう，臨機応変な活動への貢献ができなければならない。
  3．国際社会への働きかけ
  3-1．社会福祉士は，国際社会において，文化的社会的差異を尊重しなければならない。
  3-2．社会福祉士は，民族，人種，国籍，宗教，性別，障害等による差別と支配をなくすための国際的な活動をささえなければならない。
  3-3．社会福祉士は，国際社会情勢に関心をもち，精通するよう努めなければならない。
4) 専門職としての倫理責任
  1．専門職の啓発
  1-1．社会福祉士は，対外的に社会福祉士であることを名乗り，専門職としての自覚を高めなければならない。
  1-2．社会福祉士は，自己が獲得し保持している専門的力量を利用者・市民・他の専門職に知らせるように努めなければならない。
  1-3．社会福祉士は，個人としてだけでなく専門職集団としても，責任ある行動をとり，その専門職の啓発を高めなければならない。
  2．信用失墜行為の禁止
  2-1．社会福祉士は，社会福祉士としての自覚と誇りを持ち，社会的信用を高めるよう行動しなければならない
  2-2．社会福祉士は，あらゆる社会的不正行為に関わってはならない。
  3．社会的信用の保持
  3-1．社会福祉士は，専門職業の社会的信用をそこなうような行為があった場合，行為の内

容やその原因を明らかにし，その対策を講じるように努めなければならない。
3-2．社会福祉士は，他の社会福祉士が非倫理的な行動をとった場合，必要に応じて関係機関や日本社会福祉士会に対し適切な行動を取るよう働きかけなければならない。
3-3．社会福祉士は，信用失墜行為がないように互いに協力し，チェック機能を果たせるよう連携を進めなければならない。

4．専門職の擁護
4-1．社会福祉士は，社会福祉士に対する不当な批判や扱いに対し，その不当性を明らかにし，社会にアピールするなど，仲間を支えなければならない。
4-2．社会福祉士は，不当な扱いや批判を受けている他の社会福祉士を発見したときは，一致してその立場を擁護しなければならない。
4-3．社会福祉士は，社会福祉士として不当な批判や扱いを受けぬよう日頃から自律性と倫理性を高めるために密に連携しなければならない。

5．専門性の向上
5-1．社会福祉士は，研修・情報交換・自主勉強会等の機会を活かして，常に自己研鑽に努めなければならない。
5-2．社会福祉士は，常に自己の専門分野や関連する領域に関する情報を収集するよう努めなければならない。
5-3．社会福祉士は，社会的に有用な情報を共有し合い，互いの専門性向上に努めなければならない。

6．教育・訓練・管理における責務
6-1．スーパービジョンを担う社会福祉士は，その機能を積極的に活用し，公正で誠実な態度で後進の育成に努め社会的要請に応えなければならない。
6-2．コンサルテーションを担う社会福祉士は，研修会や事例検討等を企画し，効果的に実施するように努めなければならない。
6-3．職場のマネジメントを担う社会福祉士は，サービスの質・利用者の満足・職員の働きがいの向上に努めなければならない。
6-4．業務アセスメントや評価を担う社会福祉士は，明確な基準に基づき評価の判断をいつでも説明できるようにしなければならない。
6-5．社会福祉教育を担う社会福祉士は，次世代を担う人材養成のために，知識と情熱を惜しみなく注がなければならない。

7．調査・研究
7-1．社会福祉士は，社会福祉に関する調査研究を行い，結果を公表する場合，その目的を明らかにし，利用者等の不利益にならないよう最大限の配慮をしなければならない。
7-2．社会福祉士は，事例研究にケースを提供する場合，人物を特定できないように配慮し，その関係者に対し事前に承認を得なければならない。

注：1995年1月20日に本会の倫理綱領として採択した「ソーシャルワーカーの倫理綱領」を改訂
し，2005年6月3日に開催した第10回通常総会にて採択したものである。
出所：社団法人日本社会福祉士会HP（2012年11月24日アクセス）。

索　引

あ　行

挨拶　70, 95
赤い羽根共同募金　152
アセスメント　90, 155
医療型障害児入所施設　29
医療機関　45
インターフェース　16, 132
インターンシップ　198, 211
インテーク用紙　110
エピソード　142
　──記録　87
援助者の価値　13
エンパワメント　174, 220
岡村重夫　60
オリエンテーション　58, 80

か　行

介護福祉士　50
介護保険法における特定施設　38
介護老人保健施設　39
改正児童福祉法　29
課題達成　97
価値観　183
価値と原則　17
基礎的職業能力　208
気づき　154
基盤　24
キャリア教育　207, 208
共同募金　153
記録の書き方　91
記録の種類　106
記録の様式　107
具体的達成課題　127

具体的方法　127
グード, W. J.　203
グループ報告　189
ケアマネジメント　221
傾聴　15
ケース・カンファレンス　58
見学実習　82, 83
健康管理　70
健康診断書　93
言語化　171
厚生労働省　66
行動規範　18
国際ソーシャルワーカー連盟　17
個人報告　186
言葉遣い　70
個別援助計画　90
個別性　24

さ　行

細菌検査証明書　93
ジェネラリスト　189
事後学習　149
自己覚知　153, 201
自己決定　19
自己選択　19
自己評価　184
自己変容としての知　11
姿勢　15
事前学習　58, 110
事前訪問　77, 80
肢体不自由児施設　29, 30
肢体不自由児療護施設　34
市町村社会福祉協議会　43
実習　81, 83, 124
実習オリエンテーション　77

実習仮説　127
実習課題　122
　──の設定　91
実習関係書類　92
実習記録　101, 105
実習計画　119
　──書　96, 98
実習事後学習　168
実習指導者　6, 65
実習生出勤票　92
実習生紹介票　92
実習生登録票　94
実習誓約書　93
実習センター　26
実習担当者　97
実習手続き　91
実習費　94
実習評価票　93
実習プログラム　65
実習報告会　193
実習報告書　186, 188, 193
実習目標　127
児童指導員　27
児童相談所　41
児童福祉法　27
児童養護施設　27
社会人としての立場　70
社会的マナー　58
社会福祉協議会　43, 151
社会福祉士　2, 6, 47, 224
　──受験資格　63
　──の倫理綱領　17
社会福祉専門職養成　63
社会福祉法　3
重症心身障害児施設　29, 31
就労支援　221
出勤簿　167
守秘義務　71
手話サークル　61
巡回指導用資料　94
障害児入所施設　29

障害者支援施設　35
職種実習　124, 125, 182
職場実習　124, 125, 181
職場倫理　58
叙述体　106
しらべ学習　117
資料作成　191
信頼関係　8, 199
スーパーバイザー　172, 173, 177, 178
スーパービジョン　162
精神保健福祉士　48
成長　130
世界人権宣言　18
接点　→インターフェース
説明責任（accountability）　191
専門職　203
　──団体　220
　──の倫理　73
専門知識　182
相談　163
相談援助　2
　──演習　110
　──技術（方法）　182
　──実習　7
　──実践　13
　──の基盤と専門職　6
　──の理論と方法　6
ソーシャルワーカー　3, 5
ソーシャルワーク実習　124, 126, 182
ソーシャルワークの定義　17

た　行

第1種自閉症児施設　32
第1種社会福祉事業　74
体験実習　58, 82
　──レポート　84
体調管理　82
態度　15
第2種自閉症児施設　33
第2種社会福祉事業　74

索　引

脱施設化　53
地域包括支援センター　44
逐語録　106
知的障害児施設　33
チーム・アプローチ　174
通勤　71, 94
デイサービス　156
手書き　166
動機づけ　→モチベーション
特別養護老人ホーム　36, 62
独立型社会福祉士　224

　　　　な　行

ニーズ　155
日本社会福祉士会　221
日本スクールソーシャルワーク協会　221
脳性麻痺　31

　　　　は　行

麻疹抗体価検査結果書　94
180時間　124
評価票　167
フェイスシート　110
福祉型児童発達支援センター　34
福祉型障害児入所施設　29, 32
福祉事務所　42, 223
プランニング　90
プレゼンテーション　191

プロフェッショナル　174
包括的課題　127
報告　163
　　──・連絡・相談　69, 163
ホウ・レン・ソウ　→報告・連絡・相談
保険　95
ボランティア活動　67

　　　　ま　行

身だしなみ　71
３つの能力　209
盲児施設　34
目標　97
モチベーション　130

　　　　ら　行

リンケージ　150
倫理基準　18
倫理綱領　73, 74
礼状　164, 166
連絡　163
ろうあ児施設　34
ロールプレイ　58, 86

　　　　欧　文

IFSW　→国際ソーシャルワーカー連盟

239

執筆者紹介（執筆順，所属，執筆分担）

長谷川　匡　俊（はせがわ　まさ　とし）（大乗淑徳学園理事長，はじめに・おわりに）
佐　藤　俊　一（さ　とう　しゅん　いち）（淑徳大学総合福祉学部教授，第1章リード文・1節）
山　口　光　治（やま　ぐち　こう　じ）（淑徳大学総合福祉学部教授，第1章2節）
西　尾　孝　司（にし　お　たか　し）（淑徳大学総合福祉学部准教授，第2章リード文・1節・2節1～6・4節）
藤　野　達　也（ふじ　の　たつ　や）（淑徳大学総合福祉学部准教授，第2章2節7～9・3節3）
渋　谷　　　哲（しぶ　や　さとし）（淑徳大学総合福祉学部教授，第2章2節10～13・3節1）
齊　藤　順　子（さい　とう　じゅん　こ）（淑徳大学総合福祉学部教授，第2章2節14・3節2）
柏　女　霊　峰（かしわ　め　れい　ほう）（淑徳大学総合福祉学部教授，第3章リード文・3・5節）
山　下　幸　子（やま　した　さち　こ）（淑徳大学総合福祉学部教授，第3章1節・2節1～2）
伊　藤　千　尋（い　とう　ち　ひろ）（淑徳大学総合福祉学部専任講師，第3章2節3）
堀　越　敦　子（ほり　こし　あつ　こ）（元・淑徳大学総合福祉学部助教，第3章4節）
戸　塚　法　子（と　つか　のり　こ）（淑徳大学総合福祉学部教授，第4章リード文・1・2節）
周　藤　秀　俊（す　どう　ひで　とし）（元・特別養護老人ホーム淑徳共生苑社会福祉士，第4章2節1の事例）
伊　藤　美　和（い　とう　み　わ）（元・特別養護老人ホーム淑徳共生苑社会福祉士，第4章2節2）
結　城　康　博（ゆう　き　やす　ひろ）（淑徳大学総合福祉学部教授，第4章3節1・3）
小　倉　常　明（お　ぐら　つね　あき）（東京通信大学設立準備室主任研究員，第4章3節2）
稲　垣　美加子（いな　がき　み　か　こ）（淑徳大学総合福祉学部教授，第5章リード文・2・3節）
深　澤　茂　俊（ふか　さわ　しげ　とし）（神戸親和女子大学発達教育学部教授，第5章1節）
村　上　　　信（むら　かみ　まこと）（淑徳大学総合福祉学部教授，第6章リード文・3節）
米　村　美　奈（よね　むら　み　な）（淑徳大学総合福祉学部教授，第6章1節）
下　山　昭　夫（しも　やま　あき　お）（淑徳大学総合福祉学部教授，第6章2節）

■イラスト

　　結城紀子

はじめての相談援助実習

| 2013年4月10日 | 初版第1刷発行 | 〈検印省略〉 |
| 2018年1月30日 | 初版第3刷発行 | |

定価はカバーに
表示しています

編 者　相談援助実習研究会
発行者　杉　田　啓　三
印刷者　中　村　勝　弘

発行所　株式会社　ミネルヴァ書房
607-8494　京都市山科区日ノ岡堤谷町1
電話代表　(075)581-5191
振替口座　01020-0-8076

© 相談援助実習研究会, 2013　　中村印刷・藤沢製本

ISBN978-4-623-06582-0
Printed in Japan

孤独死を防ぐ
中沢卓実・結城康博 編著
四六判／258頁／本体1800円

福祉職員研修ハンドブック
津田耕一 著
A5判／210頁／本体2000円

ジェネラリスト・ソーシャルワークの基盤と展開
山辺朗子 著
A5判／280頁／本体3000円

援助を深める事例研究の方法 第2版
岩間伸之 著
A5判／216頁／本体2200円

児童相談所はいま
斉藤幸芳・藤井常文 編著
A5判／258頁／本体2500円

── ミネルヴァ書房 ──
http://www.minervashobo.co.jp/